국어 시간에 시 써 봤니?

읽어 두기

* 이 책은 《국어 시간에 뭐 하니?》에 실린 '시 쓰기'를,
  교실에서 바로 활용할 수 있도록 더욱 풍부한 사례와 함께
  정리해 펴냈습니다.
* 아이들이 쓴 글은 맞춤법에 따르지 않고 그대로 실었습니다.
  어떤 글에서 아이들 이름은 본디 이름이 아닙니다.

국어 시간에 시 써 봤니?

구자행

양철북

시 쓰기,
어떻게 시작할까?

국어 시간에 아이들과 시를 써 온 지가 20년이 넘었다. 아이들 글을 모아 문집을 엮었고, 문집에서 시를 가려 뽑아 책으로 내기도 했다. 책으로 엮어 낸 아이들 시집은《버림받은 성적표》《기절했다 깬 것 같다》《생긴 대로 살아야지》세 권이다. 이 책에 예로 든 보기시들은 대부분 여기서 옮겨 왔다. 그렇지 않은 시들은 책 끝에 옮겨 온 출처를 따로 밝혀 놓았다.

돌아보면 아이들과 시 쓰고 지냈던 시간이 참 행복했다. 문집이나 시집에 실어 놓은 아이들 시도 귀하고 아름답지만, 아이들과 시 쓰는 과정 또한 즐겁고 잊히지 않는 소중한 추억들이다. 부산 연제고 있을 때다. 따뜻한 봄날, 국어 시간에 아이들을 데리고 학교 뒷산으로 올라갔다. 시를 쓰는데, 받치고 쓸게 마땅히 없어 아이들이 꾀를 냈다. 한 줄로 길게 붙어 앉아서 앞사람 등판에다 종이를 올려놓고 시를 썼다. 지금도 가끔 그

사진을 꺼내 보면서, 한참 동안 그 시절로 돌아가 웃곤 한다.

나는 겪은 일을 펼쳐 내는 서사문은 그런대로 쓰는 편이지만 시 쓰기는 영 젬병이다. 솔직히 고백하자면 감수성 예민한 아이들에 훨씬 못 미친다. 그래도 가끔 시 쓰기 시간에 아이들에게 내가 쓴 시를 내밀어 보였다. 그러면 여기저기서 분풀이한다. "샘, 이건 시가 안 되었어요. 다시 써 오세요!" "장면이 환하게 그려지지 않잖아요" "언제 어느 자리에서 딱 지켜본 걸 쓰셔야지요" 하면서 내가 전에 했던 말을 흉내 낸다. 한번은 내가 쓴 이런 시를 읽어 준 적이 있다.

고자행님

구자행

정철의 관동별곡을 공부하는데
기홍이가 시무룩하다.
"기홍이 너 오늘 무슨 일 있나?"
"샘, 오늘 기홍이 억수로 공깄는데요."
"그랬나, 어느 선생님한테 야단맞았노?"
"날개 샘한테요."
"맞았나?"

"맞지는 안 했는데 언어폭력 당했는데요."

"무슨 말 들었는데?"

"니 물 나오나 이런 말도 듣고……."

"그래. 날개가 무슨 뜻인데?"

"날마다 개지랄한다."

"내 궁금한 게 있는데, 내 별명은 머꼬?"

"고자행님."

기홍이도 같이 웃었다. 2000년 9월 26일

이날은 잘 썼다고 우리 반 아이들한테 칭찬을 들었다. "어느 때 어느 자리에서 딱 한 가지를 붙잡아 참 잘 쓰셨군요." "지금 막 그 일을 겪는 듯이 시가 생생하게 살아 있어요." 아이들 칭찬에 어깨가 으쓱해지고 입꼬리가 절로 올라갔다.

이처럼 시 쓰기는 참 즐거운 활동이다. 또 한편으로는 공부에 시달리는 아이들의 답답한 마음을 풀어 주는 숨구멍이기도 하다. 경쟁과 점수에 쫓기다 보면, 학교란 곳이 학생과 교사 모두를 쉬 지치게 만든다. 둘레를 돌아볼 여유도 없거니와 제 삶을 들여다볼 여유조차 없다. 어디로 가는지도 모르고, 왜 가는지도 모른 채 그저 무리가 휩쓸려 가는 곳으로 무작정 따라간다. 우리 고등학생들의 삶이 이래서는 안 된다고 생각했다. 입시 경쟁에 내몰려서 쫓기듯이 살아서도 안 되고, '내일을 위해서!'란 구호 아래 오늘의 소중한 시간을 수단으로 삼아 버려서도 안 되는 것이다. 지금 이 순간 제 삶을 귀하게 여길 줄 알고, 온갖 생명과 자연의 소중함도 알고, 자기를 당당하게 드러내 보기도 하고, 함께 살아가는 이웃으로 눈을 돌려 보기도 하고, 세상일에 목소리를 내 보기도 하면서 살아야 하지 않을까. 그런 마음으로 국어 시간에 아이들과 함께 시를 써 왔고, 20년 동안 실천한 사례를 간추려 책으로 내게 되었다. 읽기 전에 먼저 '시 쓰기 열두 마당' 사용 설명서를 간략하게 말해 두고 싶다.

시 쓰기 열두 마당을 1부와 2부로 나누어서 꾸려 보았다. 1부는 '어떻게 쓸까?' 여섯 마당이고, 2부는 '무엇을 쓸까?' 여섯 마당으로, 나란히 여섯 마당씩이다. 1부 다섯째 마당은 고쳐 쓰기로, 시를 쓰고 나서 하는 활동이고, 여섯째 마당 '시 보는 눈'은 교사가 알고 있으면 좋을 내용이다. 나머지 네 마당은 시 쓰기에 앞서 하나씩 차례로 공부해 나가면 된다. 예로 든 보기 시들을 미리 영상 자료로 준비해서, 시를 같이 읽으면서 묻고 답하고, 서로 이야기 나누는 활동으로 공부하면 좋다. 2부는 글감에 따라 여섯 마당으로 꾸려 놓았다. 글감은 '자연-나-이웃-세상' 차례로 실었다. 1부는 차례대로 모두 공부하는 게 좋지만, 2부 여섯 마당은 꼭 한 해에 다 하지 않아도 된다. 그 가운데 글감 두세 개를 골라 한 번에 하나씩 실천하면 된다. 나는 한 해 두세 번 정도 한다. 학기말고사 치르고 나서나, 2월 봄방학 하기 전에 마땅히 공부할 게 없어 느슨한 때에 시 쓰기를 하면 좋다.

그런데 1부를 읽어 보면, 시의 유형에 따라 시 쓰는 방법 세 가지를 소개해 놓았다. ① 한 대상을 붙잡아 그려 내기, ② 말을 건네는 꼴로 쓰기, ③ 혼잣말로 내 마음을 담아 쓰기가 그것이다. 더 간추리면 '그리기'와 '말 건네기'와 '혼자 말하기'이다. 아이들과 시 쓰기 할 때, 글감은 어느 하나를 정해 주더라도 쓰는 방식은 아이들에게 맡기는 것이 좋다. 예를 들어 '자연'을 글감으로 시를 쓸 때, 쓰는 방식은 ①~③ 가운데 저마다 어느 하나를 골라잡는 것이다. 본 대상을 자세히 그려서 쓸 수도 있고, 그 대상에 말을 건네는 꼴로 쓸 수도 있고, 대상을 보면서 일렁인 내 마음을 담아 쓸 수도 있다.

시를 이렇게 세 유형으로 나누어서 쓰기 지도를 하게 된 바탕은 '시를 어떻게 읽어야 할 것인가?' 하는 고민이었다. 나는 오래전부터 시를 세 유형으로 나누어 시 읽기를 지도해 왔다. 세 유형이란 '화자 중심의 시'와 '청자 중심의 시'와 '대상 중심의 시'이다. 아이들에게 이렇게 운을 뗀다.

"시는 말하는 사람이 주인공으로 등장하는 시도 있고, 듣는 사람이 주인공으로 등장하는 시도 있고, 말하는 사람도 듣는 사람도 쏙 빠지고 노래하는 대상이 주인공으로 등장하는 시도 있어. 어쨌거나, 시는 화자가 청자에게 뭐라고 말을 건네는 꼴인 것만은 틀림없어. 그러니까 시를 읽을 때 누가 누구에게 무슨 말을 건네고 있는지를 먼저 챙겨 보아야 하는 거지. 그런 다음 화면에 등장한 주인공이 누군지 따져 보아야 되는 거야. 화자인지, 청자인지, 아니면 화자도 청자도 아닌 노래하는 대상인지."

그런 다음 유형에 따라 시를 읽는 방법도 달라야 한다는 점을 강조한다. 화자 중심의 시는 화자의 상황과 정서를 읽어야 하고, 청자 중심의 시는 청자에게 하고 싶은 말을 읽어야 하고, 대상 중심의 시는 대상이 상징하는 바가 무엇인지 찾아야 한다.

이렇게 시를 공부하고 나면, 처음엔 별 느낌 없다던 아이들도 그 시가 좋다고 한다. 마음에 다가가는 모양이다. 그러다가 이 방법으로 시 쓰기를 해 보게 된 것이다. 선생님들에게는 이러한 시 쓰기 지도 방법이 시 읽는 지도 방법이 되기도 할 것이다.

따로 차시 계획이나 수업 계획을 마련하지 않았다. 시 쓰기가 국어 교과 시간에 곁들여서 하는 활동이라 차시 계획을 짜기는 쉽지 않다. 다만 시 쓰기 열두 마당, 이 차례를 수업 계획으로 삼으면 좋겠다. 글쓰기 지도를 처음 시도해 보는 교사들에게는 친절하지 못하다고 느껴질 수도 있겠다. 하지만 교육은 속도보다는 방향이 훨씬 중요하다고 생각한다. 그래서 나는 수업 활동이 무슨 매뉴얼처럼 정형화되는 것을 반기지 않는다. 매뉴얼처럼 되면, 따라 하기는 쉽고 편해도 새로운 수업이 창조되기는 어렵다. 같은 활동을 하더라도 교사마다 빛깔이 조금씩 달라야 하고, 학생마다 다가가는 방식이 달라야 하지 않을까. 우리가 교실에서 그렇게 살아야 다양성을 존중하며 사는 세상에 한 걸음 가까이 갈 수 있지 않을까. 막상 교실에서 글쓰기를 해 보면 머릿속으로 상상하던 것과는 영 딴판일 가능성이 높다. 그렇더라도 실패를 두려워하지 말자. 실패 속에도 오류의 가치는 숨어 빛나고 있다. 나의 불친절이 오히려 새로운 수업이 탄생하는 발판이 되면 좋겠다.

비록 보잘것없는 실천이긴 하지만, 국어 시간에 아이들과 시 쓰기를 하고 싶은데, 첫발을 어떻게 떼야 할지 몰라 머뭇거리는 국어 교사들과 나누고 싶어서 책 쓸 마음을 먹었다. 저마다 '삶을 가꾸는 글쓰기 교육'으로 나아가는 징검다리가 되었으면 하는 마음이다.

차례

1부 / 어떻게 쓸까?

2부 / 무엇을 쓸까?

1부

어떻게 쓸까?

1

한 대상을 붙잡아 그려 보자

시를 쓰는 마음가짐은 어떠해야 할까? 시 쓰기는 어디서부터 시작해야 좋을까? 정답이 없는 물음이지만 나는 이렇게 대답하고 싶다.

먼저 대상에 눈길이 가닿고,
거기에 마음이 오래 머물고,
그런 다음 그 대상을 자세히 그려 내야 한다.

이것이 시 쓰기의 바탕이고, 시 쓰기 지도의 알맹이라 생각한다. 걸음을 멈추고 어느 한 대상을 가만히 살펴보는 눈, 시간을 잠시 멈춰 놓고 마치 정지 화면을 그리듯 묘사해 내는 힘, 한순간 펼쳐지는 장면을 관찰하여 그려 내는 힘, 이것을 길러 주어야 한다. 그래서 남이 못 본 것을 붙잡아 낼 수 있어야 시를 쓸 수 있다. 먼저 초등 아이가 쓴 시 두 편을 살펴보자.

풀, 꽃, 돌*

양양 상평초 6학년 백희영

눈 내린 아침
밖에 나가보니

눈이 쌓여있다.

풀 위에는

풀만하게

꽃 위에는

꽃만하게

돌 위에는

돌만하게

눈이 쌓여 있다. 2009년 1월

하늘 색깔*

부산 강동초 5학년 김혜린

하늘이 파랗고 높다. 어쩌면 저렇게 높을까? 오후 6시쯤 하늘이 붉어 가기 시작했다. 6시 50분쯤 되자 붉은 구름이 움직였다. 이 구름이 지나가자 아주 짙고 붉게 노을이 생겼다. 그 노을이 한참을 있더니만 검은 구름이 서서히 노을을 잡아먹듯 노을을 뒤덮어 버렸다. 그리곤 별이 똥똥 하나씩 생겼고 밤이 되었다. 1시간쯤에 이렇게 밤이 되다니. 이렇게 하루가 가고 있구나. 이렇게 해서 한 달이 지나

가고 한 해가 지나가구나. 2000년 7월 9일

이 시 두 편은 어린이시 잡지 《올챙이 발가락》에서 옮겨 왔다. 〈풀, 꽃, 돌〉이란 시는 언뜻 보고 지나쳐서는 붙잡을 수 없는 장면이다. 가만히 멈춰 서서 바라본 풍경이다. 눈 온 날 아침 풍경이 자아내는 느낌을 잘 담아냈다. 대상에 마음이 오래 머무르다 보니, 눈이 돌 위에는 돌만 하게, 풀 위에는 풀만 하게 쌓인다는 세상의 진실까지도 읽어 냈다. 〈하늘 색깔〉은 한순간 펼쳐지는 변화를 놓치지 않고 자세히 그려 냈다. 해 질 무렵부터 점차 날이 어두워지고 초저녁별이 돋을 때까지 약 한 시간 동안 일어난 일을 한자리에서 지켜보면서 자연을 느꼈다. 누구나 그 순간 그 자리에 있었을 수는 있어도 아무나 느낄 수 있는 것은 아니다. 가만히 지켜본 사람만이 간직할 수 있는 느낌이다. 어린이시를 하나 더 보자.

금붕어 새끼*

아오모리현 1학년 사가와 유우지

금붕어 새끼가 태어났어요.

쌀알보다도 작아요.

포도 씨앗보다도 작아요.

지우개똥보다도 작아요.

그래도 움직이고 있어요.

까맣고

바늘구멍보다 작은 눈이

반짝반짝 반짝이고 있어요.

작고 작은 금붕어 새끼를 가까이 다가가 자세히 들여다보았다. 작고 낮은 곳에 마음이 가닿았다. 금붕어 새끼 하나에, 온 마음을 모아서 보았다. 시를 쓸 때는, 마음이 쏠리는 한 대상을 놓치지 말고 자세히 살피는 눈을 가져야 한다. 자세히 보게 되면 자기도 모르게 그 대상에 마음이 다가간다. 사랑의 눈으로 보게 된다. 그리하여 대상에 마음이 머물면서 자기만의 느낌이 일게 되고, 대상과 하나가 되기도 한다.

이렇게 그림 그리듯이 쓰는 시를 '사생시'라고 한다. 그림 공부에서 기초 다질 때 사생화가 중요하듯이, 시 쓰기에서도 사생시 쓰기 공부를 단단히 해 둘 필요가 있다.* 대상을 그려내는 바탕 공부 없이 시를 쓰면, 재치 있는 말로 그저 재미있게 쓰려고만 하기 쉽다. 교실 풍경, 선생님이나 친구 모습, 길 가다가 본 사람, 짧은 시간 동안 펼쳐진 일을 가지고 사생문 쓰기를 해 보는 것도 좋은 방법이다. 이어서 고등학생이 쓴 시 두 편을 읽어 보자.

남매

경남여고 1학년 김조향

화창한 토요일 오후 하굣길

하늘이 맑아서 기분 좋은 날

헉헉대며 오르막길을 오르다가

얼마나 남았나 올려다보는데

사이좋은 꼬마 남매가

고사리 같은 손을 맞잡고 내려온다.

노란 유치원복을 입은 여동생과

제법 늠름해 보이는 오빠

나는 거꾸로 올라가면서

뒷모습을 끝까지 지켜보았다.

나도 저런 때가 있었을까. 2010년 11월 15일

길을 걷다가

부산상고 3학년 김지훈

학교를 마치고

집으로 오는 길이었다.

집 옆 공사장을 지나다가

잠시 멈추어 섰다.

국어 숙제가 떠올랐다.

반팔 티에 긴 바지를 입은 아저씨가 나왔다.

바닥 아무 데나 앉아서 담배를 피운다.

그 아저씨 모습을 보았다.

나이로는 우리 아버지랑 비슷해 보인다.

팔과 얼굴과 목이 새까맣게 탔다.

반팔 티는 땀으로 젖어 있고

바지는 때와 먼지가 묻어서 더러웠다.

얼굴은 힘든 표정이었다.

담배 한 대를 다 피우더니

"으차" 하는 기합을 하고

다시 공사장 안으로 들어간다. 2004년 9월 2일

〈남매〉를 쓴 조향이는 하굣길에 잠시 걸음을 멈추고 바라본 대상을 그렸다. 노란 유치원 옷을 입고, 고사리 같은 손을 서로 맞잡고, 비탈길을 내려오는 어린 오누이도 따뜻한 그림이지만, 그 모습을 뒷걸음질 치면서 끝까지 지켜보는 글쓴이도 그 풍경의 일부가 된 듯한 느낌이다.

〈길을 걷다가〉를 쓴 지훈이도 길 가다가 걸음을 멈추고 공사장에서 일하는 아저씨를 보고 썼다. 대상에 글쓴이의 눈길이 오래 머물렀다. 우리 아버지와 나이가 비슷해 보이는 아저씨, 팔과 얼굴과 목이 새까맣게 탔고, 반팔 티에 긴 바지를 입었는데 반팔 티는 땀으로 젖었고, 바지는 때와 공사장 먼지가 묻었다. 이렇듯 어떤 대상이나 장면을 그려 놓기만 해도 좋은 시가 된다. 시 끝에 애써 느낌말을 달지 않아도, 벌써 바라보는 눈길에 마음이 묻어난다.

그리고 시는 순간순간 펼쳐진 한 장면이나, 한 가지 일만 붙잡아 쓰도록 하는 것이 좋다. 여러 가지 일을 쭉 늘어놓아서는 시가 안 된다. 다음 시 두 편을 읽어 보자.

오랜만에 가 본 중학교

문현여고 2학년

오랜만에 가는 중학교

오랜만에 보는 선생님

오랜만에 보는 친구들

오랜만에 먹어 보는 중학교 급식

한없이 익숙했던 중학교

이제는 한없이 낯설고

매일 보던 친구들과 선생님

이제는 그리워진다. 2018년 5월 25일

싱크대 위에 콩나물무침

문현여고 2학년 한예림

꼬들꼬들한 밥 위에서도 행복함을 느낄 수 있는

여러 반찬 사이에서 이것 하나면

배부르게 먹을 수 있는

싱크대 위에 콩나물무침

10분도 안 돼서 엄마가 만들어 주신

엄마가 만들어 주실 때가
진짜 맛있는 콩나물무침
아삭아삭 씹히는 오이보다도
참기름 냄새가 솔솔 나는 그 양념에
파묻힌 콩나물에 자꾸만 손이 간다. 2018년 5월 25일

같은 날 같은 교실에서 쓴 시다. 그렇지만 〈오랜만에 가 본 중학교〉는 여러 가지 일을 쭉 나열하기만 했다. 스승의 날을 맞아 중학교 때 선생님을 찾아뵈었던 일을 가지고 썼는데, 중학교, 선생님, 친구들, 급식, 어느 하나도 자세히 붙잡아 그리지 못했다. 그러니 아무런 감흥도 일지 않는다.

그런가 하면, 예림이가 쓴 〈싱크대 위에 콩나물무침〉은 콩나물무침 하나를 가지고 썼다. 아직 식탁으로 옮기기 전 싱크대 위에 놓인 콩나물무침. 어머니가 막 무쳐 내서, 더운 김이 올라오고, 참기름 냄새가 솔솔 풍기고, 갖은 양념 맛이 살아 있는 콩나물. 절로 군침이 돈다.

이야기는 일이 어떻게 벌어져서, 이런저런 곡절을 거쳐서, 어떻게 매듭지어졌는지 보여 주어야 한다. 처음과 중간과 끝이 있어야 이야기가 된다. 그러나 시는 그럴 필요가 없다. 처음부터 끝까지 다 보여 줄 필요가 없다. 시는 어느 한순간 장면을 붙잡아서 보여 주면 된다. 학교에 오다 가다 보고 느낀 것이라든

지, 학교에서 친구나 선생님과 부딪친 한 장면이라든지, 집에서 식구들과 지내면서 부딪친 한 장면을 붙잡아 집중해서 쓰면 된다. 다음 시 두 편을 읽어 보자.

수정시장에서

경남여고 1학년 정보미

커다란 고급 승용차가
좁다란 수정시장 골목으로 들어온다.
과일 파시던 할머니가 놀라서 허둥지둥하시는데
그 승용차는 신경도 쓰지 않고 밀고 들어온다.
과일들은 길바닥에 흩어지고
할머니는 승용차를 두드린다.
승용차에서 할머니 아들뻘 되는 아저씨가 내려서는
할머니 멱살을 잡고 흔들면서
"왜 이런 데서 장사해!"
할머니는 거품을 물고 소리쳤지만
그 뒤 경찰서에선
경찰들이 웃으며 그 장면을 보고만 있었다. 2010년 11월 24일

생선 장수 아주머니*

경남공고 2학년 김명수

집으로 가는 길

해가 지고 어둑어둑해져 간다.

늘 다니던 시장터 옆 작은 골목

변함없이 골목 들머리 모퉁이에 자리 잡고 있는

생선 장수 아주머니.

늦은 저녁인지 파리가 날아다니는

생선 대가리 옆에

양푼에 한가득 비빈 밥이 있다.

흰머리가 희끗희끗 보이는 파마머리에

키가 조그마한 아주머니가

주름투성이 투박한 손에 낡은 칼을 들고

생선 대가리를 쳐낸다.

한참을 바삐 손질한 생선 두 마리 봉투에 싸

손님에게 건네주고는

돈 받아

생선 비늘과 내장이 말라붙은

앞치마 주머니에 구겨 넣는다.

그리고는 다시 양푼을 손에 들고

허겁지겁 밥을 먹기 시작한다.

골목을 지나다니는 사람들을

무심히 바라보며. 2005년 7월

앞서 한순간이라고 했지만, 그렇다고 눈 깜짝할 만큼 아주 짧은 순간은 아니다. 두 시 모두 한동안 가만히 지켜본 모습을 그렸다. 보미는 시장 길가에서 과일 파는 할머니를 그렸고, 명수는 생선 장수 아주머니를 그렸다. 읽으면 저절로 그림이 떠오른다. 한순간에 집중해서 잘 그려 냈다.

〈수정시장에서〉를 보면, 노전에서 과일 파는 할머니와 그 번잡한 데를 고급 승용차로 밀고 들어오는 아저씨, 승용차에 받혀 굴러다니는 과일, 혼비백산한 할머니, 할머니 멱살을 잡고 호통치는 할머니 아들뻘 되는 아저씨, 그 광경을 지켜보며 웃고 있는 경찰까지 놓치지 않고 붙잡았다.

〈생선 장수 아주머니〉를 읽어 보면 붙잡아 그리는 힘이 참 놀랍다. 흰머리가 희끗희끗 보이는 파마머리에 키가 조그만 아주머니, 낡은 칼을 든 주름투성이 투박한 손, 생선 대가리 옆 양푼에 한가득 비벼 둔 밥, 생선 비늘과 내장이 말라붙은 앞치마 주머니, 양푼을 손에 들고 한 손으로 파리를 쳐 내며 밥을 먹는 모습까지. 너무나 생생하다. 시를 읽는 사람이 시 그림 속으로 빨려 들어가지 않을 수 없게 만든다.

2

말을 건네는 꼴로
써 보자

시는 담화 모습에 따라 몇 갈래로 나뉜다. 어떤 대상을 가만히 바라보면서 그 대상을 그려 놓은 시가 있는가 하면, 누가 좀 들어 주었으면 하고 말하는 시가 있다. 말하는 시는 다시 두 갈래로 나뉜다. 혼자 말하는 시가 있고, 남에게 말을 건네는 시가 있다. 그리는 시가 노래하는 대상에 초점이 있는 시라면, 혼자 말하는 시는 화자인 '나'에 초점이 있는 시고, 말을 건네는 시는 청자에 초점이 있는 시다.

- 시
  - 그리는 시
  - 말하는 시
    - 혼자 말하는 시
    - 말을 건네는 시

시를 읽고 공부할 때도 이런 유형에 따라 감상하는 초점이 달라야 한다. 그리는 시는 그려 놓은 대상이 담고 있는 느낌이나 상징을 읽어 내야 하고, 혼자 말하는 시는 화자의 마음(정서와 태도)을 읽어 내야 하고, 말을 건네는 시는 청자에게 하고 싶은 말이 무엇인지 읽어 내야 한다. 그리는 시로는 김수영의 〈풀〉을 들 수 있고, 혼자 말하는 시로는 김소월의 〈초혼〉, 말을 건네는 시로는 서정주의 〈춘향 유문〉을 들 수 있다. 〈풀〉은 풀이 무엇을 상징하는지 읽어 내야 하고, 〈초혼〉은 화자의 정서가 어떻게 흘러가는지 읽어 내야 하고, 〈춘향 유문〉은 화자가 청자에게 하고 싶은 말이 무엇인지 읽어 내야 한다.

그럼 말을 건네는 시 〈춘향 유문〉을 조금 깊이 읽어 보자.

춘향 유문—춘향의 말·3

서정주

안녕히 계세요.
도련님.

지난 오월 단옷날, 처음 만나던 날
우리 둘이서 그늘 밑에 서 있던
그 무성하고 푸르던 나무같이
늘 안녕히 안녕히 계세요.
저승이 어딘지는 똑똑히 모르지만,
춘향의 사랑보단 오히려 더 먼
딴 나라는 아마 아닐 것입니다.

천 길 땅 밑을 검은 물로 흐르거나
도솔천의 하늘을 구름으로 날더라도
그건 결국 도련님 곁 아니어요?

더구나 그 구름이 소나기 되어 퍼불 때
춘향은 틀림없이 거기 있을 거여요. 《서정주 시선》

《춘향전》의 주인공 춘향이가 몽룡이에게 말을 건네는 시다. 제목에 "유문"이라 했으니 죽음을 앞두고 쓴 편지다. 주절이 주절이 에둘러서 말해 놓았는데, 죽음을 눈앞에 둔 춘향이가 사랑하는 몽룡이에게 하고 싶은 말은 한마디로 무엇일까? 그것은 '죽어 저승에 가서도 내 사랑은 변치 않을 거예요' 하는 영원한 사랑이다. 죽어 지옥으로 떨어져 검은 물이 되거나, 극락(도솔천)으로 가서 하얀 구름이 되거나, 여름날 소낙비가 되거나, 어디서 무엇이 되거나 당신을 향한 내 사랑은 한결같을 거라고. 저승이 제아무리 멀다고 해도 내 사랑의 와이파이 신호는 뜰 거라고 말한다.

다시 시 쓰는 이야기로 돌아가 보자. 첫 번째 마당에서 한 이야기가 '그리는 시' 쓰기였다면, 이번 마당은 말을 건네는 꼴로 써 보는 것이다. 말을 건네는 시는 특정한 누구에게 하고 싶은 말을 표현한 시다. 먼저 어린이가 쓴 시 두 편을 읽어 보자.

엄마는 오래 살아도 나는 오래 못 살아*

서울 아람유치원 일곱 살 김민석

내가 엄마 말 잘 들어야

엄마 오래 살아?

그럼 엄마는 오래 살아도

나는 오래 못 살아.

엄마 말 잘 들으려면

엄마가 하라는 대로 해야 되는데

공부 하라면 공부해야 되고

밥 먹으라면 밥 먹어야 되고

하지 말라면 안 해야 되는데

그럼 엄마는 오래 살아도

나는 오래 못 살아. 2003년 12월

크리스마스 선물*

부산 알로이시오초 2학년 양하준

선생님, 나는 이게

크리스마스 선물이에요.

선생님이 그저께 방구 꼈잖아요? 색종이 오릴 때
가위질 하다가 딱 멈췄잖아요.
그때 난 다 봤어요.
근데 아무한테도 안 말했어요.
이건 비밀이에요.
내 혼자만 들었어요.
그니까 오래 돼도 안 말할게요. 2015년 12월 22일

앞에 시는 일곱 살 민석이가 엄마에게 한 말을 받아 쓴 시다. 평소 엄마가 "내가 니 땜에 오래 못 살어!" 이 말을 아이한테 입버릇처럼 했겠지. 엄마가 오래 못 산다니, 이 무슨 하늘이 무너지는 소리. "엄마가 왜 오래 못 살아?" 당연히 이렇게 물었을 터. 엄마 대답은 이랬겠지. "너가 엄마 말 안 들어서." 이런 엄마의 공격을 되받아친 민석이의 반격이 참 통쾌하다.

〈크리스마스 선물〉은 2학년 하준이가 선생님한테 하고 싶은 말이 시가 되었다. 선생님이 방구 꼈다는 놀라운 사건을, 친구들한테도 말하고 싶을 테고 집에 가서 엄마 아빠한테도 말하고 싶을 텐데, 꾹 참고 비밀로 해 주는 고마운 선물. 하준이만이 줄 수 있는 선물이다. 앞에 민석이는 엄마한테 하고 싶은 간절한 말이었다면, 하준이는 선생님한테 속삭인 말이다.

읽으면 누구나 아이들 말이 순수하고 깨끗하다는 느낌을

받는다. 흔히 어린이는 모두 시인이고 어린이의 말은 그 자체로 시라고 말한다. 어른도 어린이 마음으로 돌아가야 시를 쓸 수 있고, 어린이 마음이라야 천국에 들어갈 수 있다고 했다. 어린이와 어른은 무엇이 다를까? 어른은 이제껏 살아온 경험의 총량이 문제이지 싶다. 그 경험이 세상을 있는 그대로 바라보지 못하게 가로막는 듯하다. 그 숱한 경험으로 미루어 짐작하고서, 자기도 모르는 사이 번개같이 판단 분별을 내리고서 세상을 본다. 그런데 어린이는 보는 것과 말하는 것 사이에 판단이 끼어들 틈이 거의 없다. 판단 분별 없는 깨끗한 마음으로 세상을 바라보고, 본 그대로 말한다. 그래서 순간순간 터져 나오는 아이들 말이 시가 되는 게 아닐까. 어쨌거나 아이들 말은 마법과도 같아서, 하고 싶은 말을 그대로 옮겨 놓기만 해도 시가 되었다.

고등학생들은 말을 건네는 시를 어떻게 쓰는지 보자. 아이들과 시를 쓸 때, 글감을 하나 정하기는 해도, 꼭 그 글감에 매이지 않는다. 얼마든지 자유롭게 글감을 잡아도 좋다고 한다. 쓰는 방법도, 이번에는 말을 건네는 꼴로 써 보자고 한정하지 않는다. 대상을 자세히 그려서 써도 좋고, 혼자 중얼거리는 방식도 좋고, 누구에게 말을 건네는 방식으로 써도 괜찮다고 한다.

끝까지 들으세요 선생님

신정고 1학년 김유경

거기 너, 넌 꿈이 뭐지?

깐깐한 선생님의 말에

순간 고민한다.

그러자

그 몇 초를 못 참고 기다렸다는 듯 던지는

선생님의 한마디

넌 나이가 몇인데 아직 네 진로도 결정 못 했니?

날카롭게 퍼지는 잔소리

하지만 선생님

제가 고민한 그 몇 초는

없는 꿈을 만들어 내는 시간이 아니라,

제가 가진 수많은 꿈 중 뭘 꺼내 보여야 할까

고민한 시간입니다. 2012년 7월 30일

엄마

경남여고 1학년 성주영

야자가 끝나고

아침에 거두어 갔던 핸드폰을 찾아

지하철역으로 간다.

5분 정도, 지하철역에서 아무 생각 없이

핸드폰을 만지작거리다가

지하철을 타고 집으로 간다.

핸드폰 시계를 보니 9시 24분

횡단보도를 건너고 엘리베이터를 타고

엘리베이터에서 내려 집 문을 여는데

엄마는 오늘도, 잘 갔다 왔어?

물으시며 환하게 웃으신다.

그럼요 엄마

아무 일 없이

잘 다녀왔는걸요. 2010년 5월 27일

동생

연제고 2학년 김혜진

현관문을 열자마자
아버지 고함 소리가 들려온다.
성적이 떨어져 동생이 혼나고 있다.
"이 성적으로 커서 뭐가 되겠노."
나는 마냥 듣고만 있는데
동생은 눈물을 뚝뚝 흘리며
방으로 들어간다.
뭐라고 위로라도 해 주고 싶어
따라 들어갔으나
서럽게 우는 동생을 보고
아무 말도 못 하고 도로 나왔다.
괜찮아 성적이 다가 아니야.
잘될 거야 울지 마. 2014년 11월 28일

아이들은 다른 누구보다 선생님한테 하고 싶은 말이 많았다. 함께 지내는 시간이 긴 만큼 할 말도 많이 생기는 건 당연하다고 하겠다. 선생님 앞에서는 차마 내뱉지 못했던 불평, 화가 났지만 참았던 말, 선생님이 놓치고 지나간 것들을 말해 주고 싶은 것이다. 유경이는 "선생님, 제가 말할 때까지 기다려 줘요" 하는 말을 하고 싶었고, 주영이는 엄마 앞에서는 말 못 했지만 속으로 중얼거렸던 말을 반어로 토해 냈고, 혜진이는 서럽게 우는 동생에게 따듯한 위로를 건넸다. 몇 편 더 읽어 보자.

진상 손님

문현여고 2학년 정연주

티비에서 직원들에게 함부로 대하는
진상 손님 이야기가 나온다.
우리 집 누구는 양심이 콕콕거려야 한다.
음식점에 갈 때도 종업원들에게
"이거, 이거, 저거 말고."
반말로 틱틱.
아무리 말해도 뭐가 문제인지 모른다.
아빠, 티비에 나오는 저 사람이
바로 아빠예요. 2015년 5월 7일

물고기

경남여고 1학년 이현영

저녁 시간이 끝나 갈 즈음

작은 연못가로 나가

연못 안 작은 물고기를 본다.

씨익 웃으며 말했다.

넌 절대로 연못을 벗어나지 못해.

나처럼 말이야. 2010년 5월 27일

속마음

문현여고 1학년 송민경

한가로운 토요일 오후

아빠와 불이 붙었다.

"넌 공부하기 싫니? 어?"

'싫어, 싫어 죽겠어.'

"답을 해 봐."

'아니 대답하고 싶지 않아.'

"공부하기 싫냐고 물었어?"

'야자하기 싫다고 했어. 공부는 할 건데.'

"에휴, 말도 안 하는 너랑 무슨 말을 하겠냐?"

'하지 마. 아무 말도 하지 마.'

"아휴, 죽겠네 정말."

'아빠, 나도.' 2017년 5월 13일

〈진상 손님〉을 쓴 연주는 아버지에게 하고 싶은 말을 썼고, 〈물고기〉를 쓴 현영이는 물고기에게 말을 건넸다. 말하는 대상이 꼭 사람이 아니고 자연물이라도 된다. 나만 보기 아까운 모습이나, 혼자 속으로 끙끙 앓고 있는 고민이나, 혼자만 알고 있기 벅찬 일을 친한 친구에게 말을 건네 보는 것도 좋다. 〈속마음〉을 쓴 민경이는 아버지에게 하고 싶은 말을 아버지 앞에서는 못 하고 시에서 속 시원히 풀어놓았다.

3

혼잣말로 내 마음을 담아 보자

앞 두 마당에서 '그리는 시'와 '말을 건네는 시'를 어떻게 쓸지 이야기했다. 여기서는 '혼자 말하는 시'를 어떻게 써야 할지 이야기해 볼까 한다. 그리는 시가 어떤 한 대상이 담고 있는 느낌이나 상징을 표현하는 시라면, 말을 건네는 시는 누구에게 하고 싶은 말을 표현하는 시다. 그런가 하면 혼자 말하는 시는 절실한 제 마음을 표현하는 시라 할 수 있겠다. 무엇을 보거나, 또는 어떤 상황에 맞닥뜨렸을 때 마음이 일렁인다. 이런 마음의 움직임을 붙잡아서 보여 주는 시다.

다음 초등학생이 쓴 시 두 편을 읽어 보자.

개구리*

청도 봉하분교 4학년 최기석

개구리 한 마리가 찻길을 건너다
차에 그만 칭기고 말았어요.
건너편 논에 알 놓으러 가다가
칭기고 말았어요.
엄마가 아기를 갖고 싶어 했던 소원이
이루어질라 했는데
가다가 차에 칭겨 죽고 말았어요.

배 속에 있던 개구리 알은 우무질 안에서

가만히 자고 있어요.

새끼는 어미가 죽었는지도 모르고

잠만 자요.

나는 알을 논에 넣어 주었어요.

나는 알보고 열심히 자라라고 했어요.

엄마 없다고 너무 많이 울지 마라고 했어요. 1999년 4월 12일

엄마*

부산 반송초 4학년 김나영

어제 저녁 여섯 시에

아름다운 용서를 봤다.

거기선 엄마가 딸을 찾는다.

나는 속으로

'버리고 간 애를 왜 이제야 찾노?'

하는 생각이 저절로 난다.

생각 안 할라고 해도 난다.

나도 그러니까.

엄마는 나를 두고 갔다.

그것도 아기 때
엄마 얼굴도 모르는데
이학년 때 찾아와서
내가 니 엄마다 했다.
근데 여기 나온 언니는
엄마를 용서해 준다.
나는 왜 용서 못해 줄까?
속이 좁아서일까?
엄마라는 단어가 나오면
자동적으로 눈물이 흐른다. 2005년 12월 21일

〈개구리〉 시는 차에 깔려 죽은 개구리를 보고 썼고, 〈엄마〉는 텔레비전에서 〈아름다운 용서〉를 보다가 맞닥뜨린 상황을 썼다. 시를 읽으면, 두 시 모두 글쓴이의 절절한 마음이 그대로 느껴져서 코끝이 시큰해진다. 앞부분에 본 대상이나 상황을 펼쳐 그렸고, 뒷부분에 자기 마음을 담아냈다. '그리는 시'가 대상을 자세히 그려야 한다면, '혼자 말하는 시'는 상황을 또렷하게 그려서 쓰는 것이 중요하다. 자기가 어떤 상황에 놓였는지 그려 낼 수 있어야 한다. 그런 다음 솔직한 자기 마음을 드러내면 된다.

이번에는 고등학생이 쓴 시를 읽어 보자.

내일은 또 어쩌지

개성고 2학년 박서희

7시 10분

이제 야자 종이 친다.

교실로 뛰어 들어가서

한동안 멍하니 앉아 있다가

뭘 할까? 고민한다.

선생님이 들어온다.

책 하나를 끄집어 들고

연필을 잡아 든다.

가고 나면 다시 생각에 잠겨 든다.

노래를 듣다가

잠을 자다가

그림을 그리다가

시계는 8시 50분

내일은 또 어쩌지? 2006년 5월 26일

학원 수업 마치고

부산고 2학년 김진휘

학원 수업 마치고
집까지 터벅터벅 걸어간다.

나 때문에 잠가 놓지 않은
대문을 여니 불이 환하다.

먼저 안방으로 간다.
기다리다 지치신 어머니는
리모콘을 손에 쥔 채 주무신다.
텔레비전을 끄고
살포시 문을 닫고 나왔다.

옷 갈아입고 세수하고 나니
시계는 1시 반
핸드폰을 보니 26일 수요일이라 되어 있다.
좀 전만 해도 25일 화요일이었는데
하루를 마친 시각이 오늘이 아니고 내일이다. 2001년 6월 26일

서희가 쓴 〈내일은 또 어쩌지〉에서 글쓴이 마음이 담긴 한 줄은 어디일까? 마지막 줄 "내일은 또 어쩌지?" 하는 말이다. 마음을 담은 한 줄이 있어야 꼭 시가 되는 것은 아니다. 앞서 보았듯이, 그리는 시는 대상을 그려 놓기만 해도 시가 되었다. 그렇지만 혼자 말하는 시는 글쓴이가 마주한 상황도 중요하지만, 글쓴이의 마음을 담은 한 줄이 있어야 시가 더 빛나는 것 같다.

진휘가 쓴 〈학원 수업 마치고〉에서는 "하루를 마친 시각이 오늘이 아니고 내일이다" 하는 말에 읽는 사람 마음이 오래 머문다. 이 한 줄을 가리고 읽었을 때와 견주어 보면 그 느낌이 아주 다르다는 것을 누구나 느낄 수 있다.

시든 산문이든 글 쓴 사람 마음을 담은 한 줄이 있어야 전체 글이 확 살아난다. '빛나는 말'이라고 해도 좋고 '저절로 터져 나온 말'이라고 해도 좋다. 아이들이 시를 쓸 때, 자기가 겪은 한순간 장면은 생생하게 곧잘 그린다. 이것만으로도 시가 되기도 하지만, 뭔가 하나 빠진 것 같기도 하고 읽어도 맛이 밋밋할 때가 있다. 그 순간 마음이 어땠는지 그 마음을 담아서 한 줄 넣어 보라고 하면 대부분 이렇게 써 온다. '나는 마음이 아팠다' '너무 고마웠다'같이 감정을 바로 드러내거나, 아니면 '다음부터는 할머니를 도와드려야겠다' '괜히 할아버지께 죄송스럽다' '친구를 생각하는 마음을 가져야겠다'같이 교훈과 반성으로 마무리한다. 이럴 때 참 지도하기가 난감하다. 나더러 써 보라고 해도 어려울 것 같다. 그렇다고 억지로 말을 지어내면 진정한 마음이 느껴지지 않는다. 해 준다는 말이 고작 이런 것이다.

"슬프다, 고맙다, 이러지 말고 읽으면 그런 마음이 저절로 느껴지게 한 줄 써 봐라."

"그 순간에 니 몸이 무슨 말을 하더노. 몸이 하는 말에 귀를 기울여 보아라."

"그 순간으로 다시 돌아가서 그때 마음속에서 자기도 모르게 툭 튀어나오던 말이 무엇이었나 잘 생각해 봐라."

이렇게 말을 하면 아이들은 더 어려워한다. 내 설명이 머리로는 그럴듯하게 들리겠지. 하지만 막상 시로 써 보려고 하면 무슨 말을 해야 할지 막막할 것 같다. 다른 친구들이 쓴 시를 같이 읽으면서 마음이 담긴 한 줄을 찾아보는 편이 더 낫다.

피곤해

경남여고 1학년 김민조

야자를 마치고 집에 가서 씻고 누웠다.

잠시 눈 한 번 감았다가 떴는데 아침이다.

기절했다 깬 것 같다. 2010년 6월 3일

이 시에서 시를 쓴 사람 마음이 담긴 곳이 어디냐고 물으면 곧장 답이 나온다. "기절했다 깬 것 같다", 이 말이 자기도 모르게 저절로 터져 나온 말이다. 야간 자습까지 마치고 집에 와서 잠시 눈 한번 감았다가 떴는데 아침이다. 참 미칠 노릇이다. 답답한 그 심정을 "기절했다 깬 것 같다"고 표현하니, 정말 그렇겠구나 하고 누구나 공감하게 되었다. 그것을 '아! 짜증 난다'고 말하는 것하고 다르다. 똑같은 불평이지만 불평으로 그치지 않고 누구도 흉내 낼 수 없는 좋은 시가 되었다.

꼭 절실한 마음이라야 시가 되는 것은 아니다. 사람은 누구든지 세상을 살아가면서 무슨 일에 부딪혔을 때 마음이 움직인다. 감정의 물결이 이는 것이다. 그 물결이 갑자기 성난 파도처럼 일어날 수도 있고, 천천히, 그러나 크게 일어날 수도 있고, 아주 잔잔하게 보일 듯 말 듯 무늬를 만들기도 한다. 이런 감정의 무늬를 붙잡아서 보여 주는 것이 시다.* 그렇지만 반드시 커다란 사건 또는 커다란 슬픔이나 기쁨을 나타내어야만 하는 것은 아니다. 하루에도 몇 번씩이나 겪을 수 있는 조그만 일, 지나가 버리면 곧 묻혀 버리고 말 조그만 마음의 움직임도 시가 될 수 있다. 다음 두 시를 읽어 보자.

내 짝지 보미

문현여고 2학년 우혜림

뒤에서 부스럭 소리가 난다.

수요일 보충 시간 마치기 15분 전

내 짝지 보미는 변신을 시작한다.

니 남자 만나러 가나? 물으니,

필라테스 하러 간댄다.

근데 난 필라테스가 뭔지 잘 몰라서

그냥 아는 척했다. 2018년 5월 14일

내 짝지 혜림이

문현여고 2학년 박보미

내 짝지 혜림이는 눈썹이 생명이다.

오늘도 어김없이 생얼에 눈썹을 그리고 왔다.

뭐가 마음에 안 들었는지

뒤쪽 거울로 가서 고치고 온다.

"내 눈썹 아까보다 괜찮제?"

"어. 완전!"

사실 뭐가 달라졌는지 모르겠다. 2018년 5월 14일

짝지끼리 서로 시를 주고받았다. 필라테스가 뭔지 몰라도 아는 척해 주고, 눈썹 화장이 짙은지 옅은지 꼬리가 치켜 올라갔는지 처졌는지 잘 모르겠어도 짝지 말에 맞장구쳐 준다. 보미는 주고받은 말을 되살려 넣어 상황을 더욱 또렷하게 그렸다. 짧은 대화에, 친구 말에 공감해 주는 따뜻한 마음이 담겨 있다. 누구나 흔히 경험할 수 있는 사소한 일인데도 시로 붙잡아 놓으니 꾸밈없는 웃음을 자아낸다. 일상에서 겪는 사소하고 흔한 일이라도 이렇게 시로 옮겨 놓으면 반짝이는 별처럼 별일이 된다.

상황을 펼쳐 낼 때, 주고받은 말을 되살리는 것도 좋은 방법이다. 이때 주고받은 말을 모두 옮겨 오는 것보다 꼭 필요한 대화만 따서 옮기라고 이끌어 주는 게 중요하다. 다음 시를 보자.

언행불일치

연제고 1학년 한경호

시험을 갈았다 심하게

엄마한테 말하기가 두려웠다.

그런데 엄마가 한 말이 기억났다.

"시험 성적이 낮아도 당당하게 살아라."

나는 당당하게

엄마한테 시험 성적을 말했다.

의외로 엄마가 웃음을 띠며

"괜찮아, 다음에 잘 치면 되지."

이 말이 끝나는 순간

엄마는 단소를 들었다. 2011년 5월 13일

엄마가 했던 말도 더 있었을 터이고, 글쓴이도 엄마한테 따지고 항의했던 말이 있었지 싶다. 그렇지만 다 버리고 두 구절만 따왔다. 주고받은 말이 들어가면 상황을 생생하게 되살리는 데는 도움이 되지만, 그렇다고 주고받은 말이 길게 늘어지면 시의 팽팽한 맛은 줄어드는 수가 많다.

4

지금 막 그 일을 겪는 듯이 쓰자

시는 순간의 느낌을 붙잡아 쓰는 것인데, 그 느낌이란 것이 시간이 지날수록 흐려지게 마련이다. 감각으로 보고 듣고 느낀 온갖 모양, 빛깔, 소리, 냄새, 움직임 들은 조금만 시간이 흘러도 잘 떠오르지 않는다. 설사 그 느낌이 아주 강렬해서 오랜 시간이 지난 뒤에 떠오른다 하더라도, 그 순간만큼 생생하지 않게 마련이다. 그래서 오래전에 겪은 일을 글감으로 삼지 말라고 한다. 요 근래에 겪은 일을 가지고 쓰거나 바로 어제나 오늘 겪은 일을 가지고 쓰는 것이 좋다. 설령 그 자리에서 바로 보고 겪은 일이 아니라도, 그때로 다시 돌아가서 지금 막 그것을 겪는 것같이 그 순간의 느낌을 살려서 쓰라고 한다.

봉사활동

부산상고 3학년 이정연

방에 들어가는 순간
쾨쾨한 냄새가 났다.
하나같이 다 헤어진 옷을 입은
까까머리 아이들
이름표를 보니 모두 예쁜 이름이다.
까까머리 병태는

앉아서 자꾸 머리를 벽에 쿵쿵 박는다.
그러면서 끝없이 울어 댄다.
민지는 양 갈래로 묶은 머리를 풀더니
다시 묶어 달라 한다.
그리고는 또 풀고, 또 풀고 한다.
눈 사이가 먼 민수는
내 바지 옷자락만 잡고 있다.
내가 문을 나갈 때까지 잡고 있다. 2003년 5월 21일

물어보니 정연이는 이 시를 봉사활동 갔다 와서 바로 쓰지 않았다. 한참 뒤에 썼다고 했다. 그런데 시를 읽어 보면 정연이가 지금 막 그 일을 겪는 것 같다. '전에 봉사활동 갔을 때다' 이렇게 시작하지 않고, 지금 막 문을 열고 들어서는 것처럼 "방에 들어가는 순간"이라고 했다. 첫 문장만 과거형이고, 그 아래로는 모두 현재형이다.

〈시간이 멈춰 버린 학교〉라는 제목의 다음 시를 보자.

아침부터 교문에 선생님이 지키고 있었다.
아이들은 선생님 옆에서 벌을 받고 있었다.
어떤 아이들은 몰래 담을 넘어왔다.
아이들은 선생님들 욕을 하고

선생님들은 그것을 아는지 모르는지
또 아이들을 때리고 있었다.
학교의 아침은 변화가 없다.
아침에 학교는 시간이 멈춰 버린 곳 같았다.

아침에 교문을 지나면서 보았던 일은 회상하면서 쓰니까 과거형이 되었다. 그러지 않고 지금 막 그 일을 겪는 듯이 쓰면 시가 어떤 모습이 되고, 또 느낌은 어떻게 달라질까? 시를 쓴 승우에게 교실에서 그 일을 회상하면서 쓰지 말고, 지금 막 교문을 지나면서 본다고 가정하고 현재형으로 고쳐 써 보라고 했더니, 시가 이렇게 바뀌었다.

시간이 멈춰 버린 학교

부산고 2학년 이승우

아침부터 교문에 선생님이 지키고 있다.
아이들은 선생님 옆에서 벌을 받고 있다.
어떤 아이들은 몰래 담을 넘어온다.
아이들은 선생님들 욕을 하고
선생님들은 그것을 아는지 모르는지

또 아이들을 때리고 있다.

학교의 아침은 변화가 없다.

아침에 학교는 시간이 멈춰 버린 곳 같다. 2001년 5월 24일

풀이말의 때매김만 현재형으로 바꾸었는데도 시가 아주 달라 보인다. 아침에 본 것을 교실에서 쓰더라도, 그때로 되돌아가서 지금 막 그 일을 보는 듯이 쓰니까, 시를 쓴 승우가 지금 막 교문을 걸어 들어가는 느낌이다. 읽는 사람도 승우를 따라서 함께 걷는 것 같다.

느낌이 살아 있는 시를 쓰려면 아이들을 데리고 바깥 활동을 하는 것도 권하고 싶다. 자주 바깥으로 데리고 나가기는 어렵겠지만, 한 해에 한두 번은 마음먹으면 시간을 낼 수 있다. 나는 봄에 아이들을 데리고 학교 뒷산으로 가곤 했다. 모처럼 교실에서 벗어나 바깥나들이를 가면 교사도 아이들도 들뜨기 마련이다. 아이들 마음을 차분히 가라앉히기가 쉽지 않다. 처음에는 소리도 질러 보고 마음껏 떠들게 두었다가, 어느 정도 시간이 지나면 불러 모아 준비해 간 공책에 시를 쓰자고 한다. 쓰고 싶은 대상을 하나 정하고, 그 대상을 찬찬히 마음을 담아 오래오래 보면서, 느끼고 생각한 것을 표현해 보자고 한다. 산에서 완성 못 한 사람은 교실에 돌아가서 마저 써낸다. 이 이야기는 2부 '자연을 느끼는 감성'에 자세히 풀어놓았다.

지금 막 그 일을 겪는 듯이 쓴 시를 몇 편 더 읽어 보자.

금요일 밤

문현여고 1학년 한예림

캄캄한 밤

사람도 몇 안 보이는 길

집에 돌아가는 발걸음이 가볍지는 않지만

공부와 시험 다 잊어버리고 편안히 걷는다.

조용한 길에 노래를 크게 틀고

나 혼자서 금요일 밤을 걷고 있다.

좋은 일이 있었던 것도 아닌데

왜 이리 편안한지

내일이 쉬는 날인데도

내일이 오지 않았으면 싶다. 2017년 5월 17일

엄마 생각

부산상고 3학년 서석만

학교를 마치고 집으로 가던 길이다.
저기 멀리서 고급 승용차 한 대가
내 옆을 지나간다.
검은 선글라스에 화려한 옷을 입은 아주머니가
창문을 반쯤 열고 지나간다.
우리 어머니와 비슷한 나이 같아 보인다.
저 아주머니는 저렇게 멋을 부리고 사는데
우리 어머니는 아침마다 버스를 타고 일하러 가신다.

2003년 10월 14일

두 시 모두 겪고 나서 바로 쓴 시는 아니다. 교실에서 시를 쓸 때는 이미 며칠 지난 일이었다. 그런데도 현재형으로 써 놓으니까 느낌이 아주 생생하다. 〈금요일 밤〉을 읽으면 예림이와 함께 금요일 밤길을 걷는 듯하고, 〈엄마 생각〉을 읽으면 석만이 눈길을 따라, 저 멀리서 승용차 한 대가 천천히 다가왔다 점점 멀어져 가는 느낌이다.

시 쓰기에 앞서 미리 숙제를 내 주기도 한다. 학교에 오가면서 시 쓸 대상을 하나 정해서 관찰하라고 한다. 한 일주일 정도 여유를 주고, 날마다 오고 가면서 자세히 살펴보라고. 때로는 잠시 걸음을 멈추고 서서 지켜보라고. 그런 다음 하루 날을 잡아 한 시간 교실에서 시 쓰기를 한다. 미리 눈여겨 관찰하고 쓴 시 두 편을 읽어 보자.

육교 위의 할미꽃

경남여고 1학년 김송경

육교 끄트머리
밤할머니
연탄불을 지펴서
밤을 팔고 계신다.

다 구운 밤은 쌓여만 가는데
지나가는 사람들은
육교 위 매서운 바람처럼
지나쳐 간다.

할머니는 꽁꽁 몸을 감싸지만
쭈글쭈글 밤물 들은 손은

바람에 힘겹게 맞선다.

밤 2000원어치를 사면
노오란 봉투에 가득 담아 준다.
깐 지 오래되어서 딱딱하고
어두워 껍질이 다 까지지 않았지만
이 밤 한 봉지가
할머니의 마음을 녹여 줄 것도 같다. 2010년 11월 10일

독거노인

경남여고 1학년 이은진

우리 슈퍼에 오셔서
날마다 단지우유를 사 가시는 할머니
한숨을 쉬시며
"20일 되면 줄게. 이거 외상 좀 달아도."
밥 대신 바나나 단지우유를 드신다고 했다.
자식이 하나 있는데
그 아들은 정신지체 장애인이다.
돈 한 푼 벌지 못하는 할머니에게

유일한 생존 수단은

매달 20일에 나오는 생활보조금뿐

집세에 아들 병원비

생활보조금은 턱없이 부족하고

할머니의 어깨는 더욱 무거워진다. 2010년 11월 10일

앞에 시 〈육교 위의 할미꽃〉부터 보자. '육교 위'가 아니라 "육교 끄트머리"라 했고, 그냥 '군밤'이 아니라 "연탄불을 지펴서" "구운 밤"이다. 다 구운 밤은 쌓여만 가는데 지나가는 사람들은 찬바람처럼 지나치고, 밤물이 든 할머니의 쭈글쭈글한 손은 바람에 힘겹게 맞선다고 표현했다. 지금 막 육교 위를 걷는 듯한 생생한 느낌이다. 〈독거노인〉은 장애인 아들과 사는 할머니의 속사정을 마치 취재라도 한 것처럼 자세하게 밝혀 놓았고, 할머니가 한 말을 그대로 옮겨 놓기도 했다.

관찰한 때와 교실에서 시를 쓴 때는 다르다. 벌써 며칠이 지난 일이다. 이런 경우, 그때로 다시 돌아가서 그 일을 막 겪는 듯이 쓸 것을 주문한다. 그러지 않으면 '지난 목요일 야간 자습 마치고 집에 돌아갈 때' '어제 학원에서 있었던 일이다' '봉사 활동 갔을 때다' 이렇게 시작하기도 한다. 그런 시는 압축된 맛이 없고 느슨할 뿐만 아니라, 지난 이야기가 되어서 생생한 느낌이 없어진다.

5

군더더기 말을
덜어 내자

시를 쓸 때 자세하게 써야 장면이 환하게 그려진다. 그렇다고 말을 길게 늘어놓고 너절하게 설명한다고 장면이 환해지는 것은 아니다. 말이 길어지고 자꾸 설명하려 들면 시가 느슨해진다. 팽팽한 맛이 살지 않는다. 말맛이 팽팽해야 가락이 살고, 가락이 살아나야 시가 된다. 그러자면 말을 아낄 줄 알아야 한다. 필요 없는 말을 버릴 줄 알아야 한다.

이것은 시 쓰기에 앞서 지도해도 좋고, 쓰고 나서 고치는 단계에서 지도해도 좋다. 나는 시를 다 써 놓고 빼도 좋을 말은 없는지 다시 살펴보도록 지도한다. 덮어놓고 줄이는 것이 아니라, 이게 군더더기구나 싶은 곳이 있으면 그 구절만 가리고 읽어 보라고 한다. 그대로 두고 읽을 때보다 시 맛이 더 좋으면 아깝다고 여기지 말고 빼 버리라고 한다.

꼭 그래야 하는 것은 아니지만, 줄글과 달리 시에서는 토씨(조사)와 씨끝(어미)을 줄일 수 있다. 토씨와 씨끝을 줄였을 때와 그러지 않았을 때, 무슨 차이가 있을까? 백석의 시 〈청시〉 읽으면서 같이 생각해 보자.

청시

백석

별 많은 밤

하늬바람이 불어서

푸른 감이 떨어진다 개가 짖는다《사슴》

첫째 줄을 보면 토씨와 씨끝을 줄여서 썼다. 줄글처럼 쓴다면 '별이 많은 밤이다'인데, 여기서 토씨와 씨끝을 모두 덜어내고 "별 많은 밤"이라고 줄였다. 이렇게 하면서 백석 시인은 무엇을 얻으려 했을까? 김수업 선생은 이렇게 풀이했다.

첫째 줄은 줄글처럼 뜻이 사실대로 잡히지 않고 사방으로 흩어진다. 줄글의 규칙이 허물어지니까 뜻의 울타리도 헐려 버렸기 때문이다. '별'에 토씨가 없으니까 그 자리에 '이' '만' '도' '들이' '들만' '들도' 같은 여러 토씨가 달려들고, '밤'에도 토씨나 씨끝이 없으니까 그 자리에 '이다' '이라' '이 되어' '이 되면' '이 오면' '이 가면' '이 와서' '이 가서' '이 깊어' 같은 씨끝과 토씨가 몰려온다. 이처럼 갖가지 토씨와 씨끝들이 붙을 수 있는 그만큼 뜻도 상상의 나래를 퍼덕이며 온갖 생각과 느낌을 흔들어 깨우면서

노래가 되었다. 김수업《백석의 노래》의 한 대목

흔히 토씨와 씨끝을 빼고 이름씨꼴(명사형)로 마치면 가락이 살아난다거나, 화자의 목소리가 단호해진다고 가르치고 배운다. 그것만이 다가 아니다. 이 시에서와 같이 온갖 뜻을 품게 할 수도 있다. 그래서 읽는 이에 따라 이 첫 줄은 '일제강점기 깜깜하게 어두운 밤이지만, 별이 많아서 꿈을 가꾸고 살아가던 우리 겨레의 정신'으로 풀이할 수도 있다. 김수업 선생은 둘째 줄에 "하늬바람"을 일본 제국주의 집단의 침략을 빗대는 것으로, 셋째 줄에 "푸른 감이 떨어진다"는 앞길이 구만리 같은 젊은이가 목숨을 잃는다는 뜻으로, "개가 짖는다"는 푸른 감이 떨어지는 나쁜 조짐을 개가 짖어 사람을 깨운다는 뜻으로 풀이했다.

토씨나 씨끝이나 이음말을 반드시 줄여야 하는 것은 아니다. 읽어 보고 덜어 내는 편이 더 괜찮겠다고 느껴질 때 줄여서 쓰는 것이 좋다. 뜻이 겹쳐지는 구절도 마찬가지다. 강조하고 싶어서 반복했다면 굳이 줄일 까닭이 없다. 다음 시를 살펴보자.

무의미한 시간들

경남여고 1학년 문윤경

8교시 쉬는 시간
책을 들고 필통을 챙겨
이동 보충수업 들으러 1-1반 교실로 간다.
선생님을 피하려고 맨 뒷자리를 차지했다.

수업 종이 치고 선생님이 들어오신다.
책을 펴고 연필을 잡고 수업을 듣다가
나도 모르게 창밖을 멍하니 내다보고 있다.

창밖에 건물 사이에 끼어 있는
작은 바다가 보인다.
바다 위엔 배 한 척이 지나가고 있다.

㉮ 내가 느끼지도 못하는 사이에
이렇게 나의 아까운 시간들도
지나가고 있구나. 2010년 5월 31일

윤경이가 처음에는 이렇게 쓰지 않았다. 처음에 써낸 시는 마지막 ㉮부분이 달랐고, 그 뒤에 한 연이 더 붙어 있었다.

8교시 쉬는 시간
책을 들고 필통을 챙겨
이동 보충수업 들으러 1-1반 교실로 간다.
선생님을 피하려고 맨 뒷자리를 차지했다.

수업 종이 치고 선생님이 들어오신다.
책을 펴고 연필을 잡고 수업을 듣다가
나도 모르게 창밖을 멍하니 내다보고 있다.

창밖에 건물 사이에 끼어 있는
작은 바다가 보인다.
바다 위엔 배 한 척이 지나가고 있다.

㉯ 이렇게 나의 아까운 시간들도
지나가고 있는데
나는 느끼지도 못한다.

㉰ 수업이 끝나고

나는 또 후회한다.

열심히 할걸…….

윤경이가 처음 쓴 시를 보니 ㉰는 군더더기구나 싶었다. 없는 편이 더 나을 것 같았다. 실제로 윤경이가 '열심히 할걸' 하면서 후회했을 수도 있지만, 그보다는 시를 쓰면서 자기도 모르게 들어간 관념이기 쉽다. 알게 모르게 많은 아이들이 이런 강박관념을 가지고 쓴다. 그것은 어릴 때부터 해 온 학교 교육이나, 잘못된 글쓰기 교육 탓이라 생각한다. 윤경이를 불러서 그랬다. "시 참 좋구나. 그런데 마지막 부분은 없는 게 시 맛이 더 살아나겠다. 정말로 그런 마음이 절실하게 들었다면 살려야겠지만, 그렇지 않다면 빼는 게 좋겠다. 이 부분을 빼고 그 앞에서 마무리해 보면 어떨까?" 그랬더니, ㉰를 빼고 다시 써 왔다. ㉯부분은 말은 그대로인데 순서만 바꾸었다. 앞뒤 말을 바꾸어 놓기만 했는데도 시를 읽는 맛은 사뭇 다르다. ㉯보다는 ㉮에 더 절실한 마음이 묻어난다.

필요 없는 말은 줄여서 다시 쓰면 된다. 그런데 실제 고쳐 쓰기 지도를 해 보면 그렇게 만만한 일이 아닐 때가 있다. 너절하게 설명을 늘어놓아 줄이면서 고쳐야 할 때도 있다. 〈울 엄마〉라는 다음 시를 보자.

우리 엄마는 갈빗집에서 일한다.
밤 12시가 되어야 집에 온다.
달깍 소리와 함께
맛있는 고기 냄새가 먼저 풍겨 온다.
"나 왔다. 자나?"
"엄마 왔나. 안 피곤하나?"
"세상에 안 힘든 일이 어딨냐."
얼굴에 가득 웃음을 머금고 대답한다.
늘어 가는 주름살,
군데군데 박힌 굳은살,
퉁퉁 부은 다리
엄마도 전엔 고왔는데
엄마에게 잘해 드려야겠다.
엄마! 사랑해.

엄마를 생각하는 애틋한 마음을 잘 담아냈다. 그런데 앞에 두 줄이 설명이다. 그리고 첫째 줄에서 설명한 말은 넷째 줄 "맛있는 고기 냄새가 먼저 풍겨 온다"는 말에 그 뜻이 함축되어 있다. 그리고 맨 마지막 줄은 군더더기다. 그 앞에서 충분히 엄마를 사랑하는 마음을 표현했다. 앞에 두 줄은 설명하지 말고 상황을 그려 보라고 했고, 마지막 두 줄은 가리고 읽어 보라고 했다. 몇 번 더 말이 오고 간 끝에 이렇게 고쳤다.

울 엄마

부산상고 3학년 김미래

12시 정각, 밖은 깜깜한 게 가로등 불빛뿐이다.

엄마 올 시간인데

달깍 소리와 함께

맛있는 고기 냄새가 먼저 풍겨 온다.

"나 왔다. 자나?"

"엄마 왔나. 안 피곤하나?"

"세상에 안 힘든 일이 어딨냐."

얼굴에 가득 웃음을 머금고 대답한다.

늘어 가는 주름살,

군데군데 박힌 굳은살,

퉁퉁 부은 다리

엄마도 전엔 고왔는데. 2003년 5월 24일

군더더기 말을 덜어 내는 연습을 하나 더 해 보자. 처음 쓴 시와 고쳐 쓴 시를 서로 견주면서 읽어 보자.

엄마의 기억

경남여고 1학년 김남현

"느그 시험 언제 치는데?"

엄마가 물었다.

생각해 보니까 저저번에도 물어보고

저번에도 물어봐 놓고서

오늘 또 묻는다.

"7월에. 도대체 몇 번을 말하노?" 하니까,

요즘 엄마가 기억할 게 너무 많아

자꾸 까먹는 거란다.

내 생각에는 엄마가 까먹는 게 아니라

시험만 딱 기억하고 있는 것 같다.

엄마의 기억

경남여고 1학년 김남현

"느그 시험 언제 치는데?"

저저번에도 물어보고

저번에도 물어봐 놓고서.

"7월에. 도대체 몇 번을 말하노?"
엄마가 기억할 게 너무 많아
자꾸 까먹는 거란다.
엄마가 까먹는 게 아니라
시험만 딱 기억하고 있는 것 같다. 2010년 6월 3일

처음 쓴 시와 고쳐 쓴 시를 견주어 보면, 고쳐 쓴 시가 훨씬 깔끔하다는 걸 알 수 있다. "엄마가 물었다" 하는 말을 하지 않아도 엄마 물음인 게 드러나고, "내 생각에는" 하는 말을 하지 않아도 내 생각인 줄 다 안다. "~ 하니까"나 "요즘" 같은 말도 빼는 게 더 깔끔하다.

시 고치기 할 때, 줄여야 할 곳도 있지만 반대로 자세하게 펼쳐 보여야 할 때도 있다. 대상을 자세히 그려야 느낌을 되살릴 텐데 놓치고 지나간 것이다. 그런 곳은 짚어 주기만 해도 아이들도 바로 알아챈다. '어떻게 생겼던가요?' '어떤 모습을 하고 있었나요?' '무엇을 하고 있었나요?' '어떤 상황이었어요?' 같은 물음을 던져 도와주면 된다. 다음 시를 보자.

치킨 먹으러 가는 길

연제고 2학년 전고운

연극부 연습을 마치고

애들이랑 치킨 먹으러 갔다.

비탈길을 한참 걸어 내려가는데

무거운 짐을 든 할머니가 올라오고 있다.

작고 까만 손으로

배추가 가득 담긴 손수레를 끌고

행여나 놓칠까

두 손으로 꼬옥 잡고 올라온다.

잠시 망설였다.

애들 앞에서 할머니 짐을 들어 드리는 게

부끄럽기도 하고.

그러다 할머니를 지나쳤다.

조금 더 걷다

아무래도 그 할머니가 신경 쓰여

치킨을 못 먹을 거 같았다.

“내 학교 가서 폰 좀 들고 올게.”

뒤를 돌아 뛰어갔다.

할머니는 이미 집 앞에 가 있었다.

집으로 들어가는 할머니를 보고
나는 길을 돌아 돌아 아이들한테로 갔다. 2014년 11월 25일

고운이가 처음 써냈을 때는 밑줄 그은 5~8행이 없었다. 무거운 짐을 든 할머니 모습이 어땠는지 살려서 다시 써 보라고 했더니, 다음 날 그 대목을 자세히 써 왔다. "작고 까만 손으로 / 배추가 가득 담긴 손수레를 끌고 / 행여나 놓칠까 / 두 손으로 꼬옥 잡고 올라온다" 이렇게 자세하게 그려 놓으니, 그때 느낌이 되살아나고, 고운이 마음이 할머니에게 더 가까이 다가가 있는 듯하다.

다음 시를 읽으면서 무엇이 빠졌는지 생각해 보고, 어디에 무슨 말을 더 넣으면 좋을지 생각해 보자.

담임선생님

연제고 1학년 윤지환

담임쌤이 반에 들어온다.
들어와서는 고작 하는 말이
"집에 가."
뭐가 그리 바쁜지

아니면 뭐가 그리 귀찮은지.

이 시는 상황을 자세히 그리지 못했다. 앞서 말했듯이, '그리는 시'는 시적 대상을 자세히 그려야 하고, '혼자 말하는 시'는 화자가 처한 상황을 또렷하게 밝혀야 한다. 고쳐 쓰기에서 이 지도가 알맹이다. 시 쓰기를 해 보면, 5분도 채 되지 않아 다 썼다고 들고 오는 아이들 시는 대부분 이렇다. 눈길이 한 대상에 머무르지 못하고 훑고 지나가서 시가 느슨하거나, 상황을 또렷이 그리지 못해 뭔가 하나 빠진 듯한 느낌이다. 이런 시를 영상으로 띄워 놓고 함께 완성해 보는 것도 좋은 방법이다. 앞 시에 상황을 넣어서 읽어 보면 시 맛이 훨씬 살아난다.

담임선생님

연제고 1학년 윤지환

아침에 오늘 종례 할 테니 기다려나 해 놓고선
까먹으셨나.
모두가 배고픈 토요일
다른 반은 다 떠나고 학교가 고요하다.
여기저기서 아이들 왕짜증이 솟아날 무렵

담임쌤이 반에 들어온다.
들어와서는 고작 하는 말이
"집에 가."
뭐가 그리 바쁜지
아니면 뭐가 그리 귀찮은지. 2011년 12월 17일

다음 시에서도 더 넣었으면 하는 말이 무엇인지, 그 말을 어디에 넣으면 좋을지 생각해 보자.

부엉이

연제고 1학년 임경민

현관문을 열고 들어서니 조용하다.
모두 꿈나라에 있다.
다들 자는 밤에 집에 오니
내가 부엉이가 된 기분이다.

부엉이

연제고 1학년 임경민

현관문을 열고 들어서니 조용하다.

동생 방문은 굳게 닫혔고

안방에선 아버지 코 고는 소리가 흘러나오고

텔레비전 저 혼자 시끄러운 거실에는

어머니가 소파에서 졸고 계신다.

모두 꿈나라에 있다.

다들 자는 밤에 집에 오니

내가 부엉이가 된 기분이다. 2011년 5월 13일

이 시를 쓴 경민이도 처음에는 상황을 그리는 데 소홀했다. 늦은 밤 현관문을 열고 집 안으로 들어선 그 순간, 그때 상황이 어땠는지 놓치고 말았다. 상황을 자세히 그려 넣으니 처음 시와 아주 다른 느낌이다.

6

시 보는 눈

'어떻게 쓸까?' 하는 이야기는 이 정도로 할까 싶지만, 마지막으로 꼭 하고 싶은 이야기가 하나 더 있다. 바로 시 보는 눈이다. 아이들 시가 제 삶과 참된 마음에서 우러나온 글인지, 어른들 시를 흉내 내는 글쓰기 훈련에서 나온 글인지 가려낼 수 있어야 한다. 본 대로 겪은 대로 생각한 대로 정직하게 쓴 글인지, 거짓으로 꾸며서 쓴 글인지, 가슴에서 저절로 터져 나온 말인지, 기교를 부려 머리로 지어낸 말인지, 아이들끼리 서로 부대끼며 사는 삶이 담겨 있는지, 세상을 보는 아이다운 눈길을 느낄 수 있는지, 교사는 이런 것을 가려내는 눈을 가지고 있어야 한다. 아이들 글을 보는 눈이 없고서는 글쓰기 지도를 제대로 할 수 없기 때문이다.

그리고 무엇보다 아이들 글을 읽고 글 속에 담긴 아이의 진심이 무엇인지 읽을 수 있어야겠다. 어른들이 못하는 놀라운 발상과 싱싱한 생명력이 아이들 글에는 있다. 아이들만의 진실이 담겨 있다는 말이다. 이게 아이들 글의 생명이다. 섣불리 글쓰기 지도 이론이나 방법만 좇아 가르치려다가는 실패하기 쉽다. 마음을 울리는 진솔한 글이 나오기 어렵다. 아이들 글을 읽을 때는 글 속에 담긴 그 아이의 마음을 먼저 읽어야 한다. 글을 잘 썼는지, 표현이 잘되었는지를 먼저 보아서는 안 된다. 그것부터 보면 글에 담긴 아이의 마음을 놓쳐 버리기 쉽다. 그 아이의 마음에 바르게 응답하기 어려워지는 것이다.

머리로 꾸며 쓴 시

시는 몸으로 부딪친 일을 쓰고, 가슴에 울려 온 느낌과 생각을 써야 한다. 머리로만 지어내서는 안 된다. 없는 일을 머리로 꾸며 지어내니까 울림이나 알맹이는 없고 겉만 번지르르한 시가 되고 만다. 아이들이 쓴 시가 참된 글인지, 그럴듯하게 꾸며 쓴 시인지 가리는 방법이 있다. '어디선가 많이 본 듯한 시' '교과서 동시 형식을 닮은 시' '아기 같은 유치한 말을 지껄이는 시' '어른스럽거나 어려운 시' '아름다운 말만 매끈하게 늘어놓은 시' '줄글을 시처럼 끊어 놓은 것 같은 시', 이런 시는 참된 시라 보기 어렵다.*

계절에게

○○고 2학년

꽃이 흔들리는 소리를 들어 보면
그들의 목소리가 살랑 불어와
드넓은 침대를 뒹굴뒹굴 나도 모르게 잠이 든다
아무것도 안 하고 이대로 시간이 멈췄으면 하고
따스함 속에 잠시 휴식을 가져 본다

바다가 출렁이는 소리를 들으면
더위야 저리 가라 물속으로 풍덩
커다란 수박 먹고 꺼억꺼억 나도 모르게 웃어 본다
하루 종일 먹고 놀다 새벽이 찾아오면
눈부시게 빛나는 진주빛 바다, 감동에 빠져든다

갈색 물감으로 배경을 칠하면
도토리 눈이 내려 다람쥐 볼이 터질 것 같아
단풍잎 은행잎 살랑살랑 시를 한번 지어 본다
지나가면 보이는 로맨스 영화들이 나를 아프게 해도
그때의 그 시간을 즐겨 본다

케이크에 베이킹파우더를 뿌리는 것처럼
달콤한 눈이 내려오면 그때의 시원함이 너무 좋아
눈사람도 만들어 보고 하하 호호 추억을 남겨 본다
추위에 떨다 주고받은 손난로 하나가
내 마음을 녹여 준다

글쓴이가 꿈꾸는 일을 네 계절로 엮어 노래했다. 앞에 잣대로 보면, 어디서 많이 본 듯한 시에 해당하고, 아름다운 말만 매끈하게 늘어놓은 시에도 해당한다. 각 연은 가지런히 다섯 줄씩이고, 연마다 '~하면 ~해 본다' 하는 통사 구조를 반복해 놓았다. 어디서 많이 본 듯한 눈에 익은 형식이다. 꽃이 흔들리는 소리, 목소리가 살랑, 드넓은 침대를 뒹굴뒹굴, 바다가 출렁이는 소리, 눈부시게 빛나는 진주빛 바다, 도토리 눈이 내려, 단풍잎 은행잎 살랑살랑, 달콤한 눈, 이런 아름다운 말로 매끈하게 엮어 나갔다. 시를 이렇게 쓰지 말란 법은 없다. 이런 시가 좋다는 사람이나 시인은, 머리로 관념으로 얼마든지 꾸며 써 볼 수는 있겠다. 그렇지만 교실에서 하는 시 쓰기 교육이 나아갈 방향은 아니라고 본다. 기교와 틀에 아이들의 말을 가두어서는 참된 글쓰기 교육이 될 수 없다. 교실에서 우리 아이들과 하는 시 쓰기 방향은 저마다 자기 말로 자기 삶을 진솔하게 그려 내는 것이어야 하지 않을까? 나는 그렇게 생각한다.

어려운 시

문예부 지도교사를 할 때다. 따로 문예실이 있어서 점심시간이나 방과 후에 아이들이 그 방을 자주 드나들었다. 오랜 학교 전통만큼이나 문예반도 선배로부터 후배로 이어지는 전통이란 것이 있었다. 가끔 들러 보면 모두 개인 창작 공책을 하나씩 가지고서 창작 활동에 열심이었다. 그 공책은 구겨지거나 낙서를 하면 안 되었다. 그러면 선배한테 호되게 질책을 받고,

새 공책 마련해서 이제껏 쓴 글들을 모두 베껴 써야 했다. 하루는 이상한 광경을 봤다. 모두 두툼한 국어사전을 하나씩 펼쳐 놓고서 낱말을 찾아 공책에 옮겨 적고 있다. 가만히 보니 '구가' '연신' '폄하' '앙등' '편린' 같은 모두 어려운 한자말이다. 왜 쉬운 우리말 놔두고 이런 듣보잡 한자말에 매달리는지 물었다. "시 쓸 때 써먹으려고요." 시를 왜 그렇게 쓰냐고 물었다. "그래야 폼 나죠." 가오가 선다고 했던 것 같기도 하다. 다음은 그렇게 어려운 한자말을 파고들던 한 아이가 쓴 시다.

진공

○○고 2학년

상처 입은 가시나무 새여
나는 도망쳤다.
나는 봄을 배신했다.
'정의'에 난자당한 광장과 구호와 신념만이
허술한 안개처럼 흩날렸다.
무뎌진 세월, 그 끝에는
어떠한 진단도 용납하지 않는 진공
만이 남았다.

좀 심하게 말하면 "배신" "정의" "난자" "광장" "구호" "신념" "진단" "용납" "진공" 이런 어려운 한자말들을 모아 짜깁기한 듯하다. 그런데 아이들은 이렇게 겉멋만 부린 시를 읽고 고개를 끄덕인다. 잘 모르긴 해도 뭔가 들어 있을 거라고 여기는 모양이다. 그러나 곰곰이 생각해 보자. 이런 시를 읽으면 가슴을 찌르르 울리는 감동이 있는지, 무엇인가 새로운 것을 발견한 기쁨이 묻어 있는지. 글 쓴 사람이 지닌 마음가짐을 엿볼 수 있는지.

노가바, 모방시, 삼행시, 공동시

시를 그저 재미나게만 쓰려는 아이들도 많다. 이 말을 하면 친구들이 재미있어하겠지, 하는 얄팍한 마음이다. 그렇게 쓴 시들은 읽으면 웃음은 나오지만 오랫동안 끌리는 뒷맛이 없다. 아이들은 이와 비슷한 시들을 곧잘 쓴다. 웃기기는 해도 좋은 시라고 말하기는 어렵다. 글 쓴 사람의 진지한 삶이 보이지 않는다. 다른 사람이 함께 공감할 만한 절실한 마음이 느껴지지도 않는다. 겪은 일을 솔직하게 썼다고 해도, 무엇인가 다른 사람과 같이 느끼고 생각할 만한 가치가 있어야 좋은 시라고 할 수 있다.

만화책

○○고 3학년

만화책을 빌려 보았다.

몇 장 넘기다 보니

코딱지가 묻어 있었다.

더러웠다.

이 밖에도 아이들은 '노가바' '모방시' '삼행시' '모둠시' 같은 것을 쓴다. 시를 그렇게 쓰면 안 된다고 말할 수는 없다. 그러나 그렇게 쓴 시들은 대개가 진실한 마음이 담겨 있지 않았다. 자신들의 진실한 삶이 빠져 있는 경우가 대부분이다. 그냥 재미있게 쓰려는 쪽으로 흐른 듯한 느낌이다. 이런 시를 꾸준히 연습하다 보면 진실한 마음을 담은 온전한 시를 쓰게 될까? 나는 그렇지 않다고 생각한다. 그런 틀에 박힌 글쓰기가 시쓰기를 도와주는 것이 아니라 오히려 자유롭게 쓰는 것을 방해하지 않을까 걱정이다.

좋은 시란, 읽고 나서 '참 그렇구나!' 하고 고개를 끄덕이게 되는 시가 아닐까? 절실하다고 할지, 간절하다고 할지, 애틋하다고 할지, 시를 쓴 사람의 마음이 고스란히 느껴져야 한다. 그러자면, 책상 앞에 앉아 머리로 짜내면 뭔가 그럴듯한 게 나올 거란 환상을 버려야 한다. 보고, 듣고, 겪으며 느낀 자기만의 이야기를 솔직하게 담아내야 한다. 삶에서 나온 시는 울림이 있다.

전문 시인들을 흉내 낸 시

시를 좀 쓴다는 아이들일수록 전문 시인들 흉내 내기에 골몰한다. 이른바 '필사'와 '이미지 훈련'이다. 필사란 베껴 쓰기인데, 전문 시인들 시 한 편을 베껴 쓰면서 절반은 다른 말로 걸러서 옮기는 방법이다. 하루에 서넛 편씩 옮긴다고 한다. 그렇게 베껴 쓴 시가 공책 몇 권씩 되도록 훈련을 한다. 그리고 이미지 훈련이란 말 비틀기 연습이다. '까치가 깍깍 운다' 하지 않고 '까치가 아침을 쪼아 먹는다' 하는 식이다. 그런 훈련에서 나온 시를 보자.

달팽이

연제고 3학년

아버지는 오늘도 검은 새벽을 오른다.

등 뒤에 짊어진 집안을 위해서

아버지의 녹슨 몸에는 어김없이
올가미 같은 넥타이가 둘러진다.

맨홀 뚜껑 위로 도시의 소음 아지랑이가 피어오르고
서글픈 회색빛 건물 사이,
아버지는 처지는 더듬이를 고쳐 세우며
말 못 할 아픔을 되새김질한다.
차가운 정적을 달리는 시곗바늘은
째각째각 느린 아버지의 걸음을 비웃는다.

집으로 돌아온 아버지는
잔뜩 무거워진 하루를 옷걸이에 걸어 두고
또다시 말 못 할 아픔을 재떨이에 털어놓는다.
액자에 걸린 나를 보며
차가운 흙먼지를 씻어 낸다.
등 뒤에 짊어진 것이 없는 나는 민달팽이.

아버지는 오늘도 검은 새벽을 오른다.
채 가벼워지지 못한 하루를 다시 입고
아버지는 다시 등껍질 밖으로 머리를 내민다.
잠이 덜 깬 아침 부스러기들만이

아버지를 배웅한다.

줄마다 이미지 훈련이라고 하는 말 비틀기를 해서 썼다. “검은 새벽을 오른다” “등 뒤에 젊어진 집안” “아버지의 녹슨 몸” “올가미 같은 넥타이” “도시의 소음 아지랑이가 피어오르고” “서글픈 회색빛 건물” “처지는 더듬이를 고쳐 세우며” “아픔을 되새김질한다” “차가운 정적을 달리는 시곗바늘” “째각째각 느린 아버지의 걸음”. 어느 한 줄도 그냥 넘어가지 않았다. 모두 미리 연습해 두었던 말이다. 시제가 무엇이든 얼마든지 이와 비슷하게 흉내 낼 수 있을 터이다.

아이들 시와 전문 시인들 시

시는 뜻겹침(비유)이 그 본질이다. 겉으로는 ‘폭포’를 그려 놓았다 하더라도, 정작 시인이 말하고 싶은 것은 폭포의 모습이 아니라 거기에 겹쳐지는 다른 무엇이다. 이를 위해 전문 시인들은 온갖 기법이나 문학 장치를 동원하여 시를 쓴다.

폭포는 곧은 절벽을 무서운 기색도 없이 떨어진다.

김수영 〈폭포〉의 한 대목

“곧은”이란 말에는 ‘정의로운 길’이란 뜻이 겹쳐지고, “절벽”이란 말에는 ‘험난한 길’이란 뜻이 담긴다. “무서운 기색도 없이”에는 ‘용기’가, “떨어진다”에는 ‘희생’이란 뜻이 겹쳐진다. 그래서 “폭포”는 그냥 폭포가 아니라, 험난하지만 용기 있게 자기 한 몸 희생하여 정의로운 길을 걷는 투사로 읽게 된다.

그런데 아이들은 그럴 필요가 없다. 아이들 세계는 그냥 있는 그대로 그려 놓기만 해도 거기에 저절로 온갖 뜻이 겹쳐진다. 생각의 틀에 갇힌 어른들은 도저히 다다를 수 없는 세계고, 어른들도 오래전에 이미 거쳐 갔지만 이제는 결코 되돌아갈 수 없는 세계다. 아이들만이 지닌 동심의 세계다. 순간순간 펼쳐지는 아이들 삶 그 자체가 바로 시가 된다. 그래서 어른들이 ‘동시’ 같은 것으로 그 아이들 세계를 흉내 내 보려 하지만, 결코 거기에는 도달하지 못하고 만다.

목 없는 아이들

부산고 2학년 윤세원

우리 교실 뒷자리에서

수업하다 아이들을 보면

등만 있고 목이 없다.

목 없는 아이들이 불쌍하다. 1999년 10월 2일

공부 시간에 뒷자리에 앉아 앞쪽에서 고개 숙이고 조는 친구들 모습을 보고 그대로 그렸다. 다른 군더더기가 전혀 없다. 그런데 "목 없는 아이들"이란 말에 마음이 머물고 저절로 고개가 끄덕여진다. '그렇지. 우리나라 고등학생들이 어디 살아 있다고 사는 것인가' 싶기도 하고, '목을 달고서 제 삶의 주인으로 당당하게 사는 날이 언제 오기는 할까?' 싶은 마음도 든다. 시를 쓴 세원이는 공부 시간에 고개 숙이고 조는 친구들 모습을 그렸을 뿐인데, 이게 우리나라 고등학생들의 현실이 되기도 하고, 뜻이 더 넓게 번져서 우리나라 초등학교부터 중·고등학교까지 모든 아이들의 현실이 되기도 한다.

수행평가

여기서 평가 이야기도 조금 할까 한다. 시 쓰기를 수행평가로 하는 것은 매우 조심스럽다. 평가 항목을 세우기도 어렵지만, 아이들이 점수에 매달리다 보면, 자유롭고 즐거워야 할 글쓰기가 딱딱하게 굳어 버릴 가능성이 높다. 이와 반대로 무슨 활동이든지 평가로 이어지지 않으면 아이들 의욕이 시들할 수도 있다. 그러니 시 쓰기를 수행평가로 할 때는, 시 쓰는 즐거움과 표현의 자유로움이 위축되지 않도록 단단히 마음 써야 한다. 자유로운 발상, 참신한 생각과 표현, 시 쓰는 과정에서 들인 정성과 노력도 평가 항목에 있다는 것을 미리 알려 주면 좋다. 그리고 백일장처럼 1등을 가리자는 평가가 아니라는 것도 말해 두면 좋겠다. 그래서 나는 평가할 때 최고점과 최하점 간격을 좁히거나, 수행평가로 하지 않고 생활기록부 교과세부능력 특기사항에만 써 주기도 한다. 수행평가로 할 때 평가 방법을 소개해 보기로 한다.

<table>
<tr><th colspan="2">평가 잣대</th><th>평가 눈금</th><th>점수</th></tr>
<tr><td rowspan="5">표현(50%)</td><td>① 하나를 붙잡아 썼는가?
(여러 가지 일을 동시 형식으로
나열하지 않았는가?)</td><td rowspan="5">50 | 46 | 42 | 38 | 34</td><td rowspan="5"></td></tr>
<tr><td>② 지금 막 그 일을 겪는 듯이 썼는가?</td></tr>
<tr><td>③ 군더더기 말을 줄여서 썼는가?</td></tr>
<tr><td>④ 대상이나 상황을 자세히 붙잡아
그렸는가?</td></tr>
<tr><td>⑤ 마음을 담은 빛나는 한 줄이
있는가?</td></tr>
</table>

내용(50%)	① 그렇구나! 하고 울림이 있는가?(감동)	50 / 46 / 42 / 38 / 34	
	② 글쓴이의 진솔한 마음이 느껴지는가?(공감)		
	③ 대상을 보고 느끼는 감각이 돋보이는가?(감수성)		
	④ 남이 보지 못한 자기만의 발견이 있는가?(창의성)		
	⑤ 시 쓰는 과정에서 애쓴 흔적이 느껴지는가?(노력)		

시 쓰기 수행평가 평가 기준

표현과 내용을 각각 50퍼센트씩 나누었고, 두 영역에 평가 항목이 다섯 개씩이다. 이 다섯 개를 모두 갖추었으면 50점, 이 가운데 넷을 갖추었으면 46점, 셋을 갖추었으면 42점, 둘을 갖추었으면 38점, 하나를 갖추었으면 34점이 된다. 그런데 실제로 평가해 보면 다섯 개 항목 사이에 경계가 분명하지 않다는 것을 알 수 있다. 그래서 항목 다섯을 한데 뭉쳐서 한꺼번에 평가하는 것도 한 방법이다. 평가 눈금은 얼마든지 더 잘게 나눌 수도 있고 늘일 수도 있다. 급간도 마찬가지다. 이 평가표를

시 쓰는 용지 뒷면에 인쇄해서 나누어 준다. 그리고 평가는 처음 써 온 시를 가지고 하지 않고, 나와 이야기를 주고받으며 고쳐 쓴 맨 나중 시를 가지고 한다. 고쳐 쓴 과정이 드러나게 고치기 전 시를 지우지 말라고 일러둔다.

2부

무엇을 쓸까?

1

자연을 느끼는 감성

교실 밖으로 1

며칠 전부터 벼르고 있었다. 벚꽃이 피면 밖에 나가 아이들과 시를 써야겠다고. 꽃몽우리를 쏙 내밀 때는 온통 팥죽색이었는데 꽃이 피면서 점점 옅은 분홍빛으로 바뀌어 간다. 넷째 시간에 창밖을 내다보면서 물었다.

"얘들아, 너거는 저걸 보아도 아무 느낌이 없나?"

아이들은 말이 없다.

"흥분 안 되나 그 말이다."

그제야 여기저기서 아이들이 대꾸한다.

"예, 안 되는데요."

"그럼 선생님은 서요?"

전혀 예상치 못한 반격이다. 얼떨결에 대답이 나왔다.

"응."

내 대답에 아이들이 모두 깔깔대고 웃는다.

이렇게 벼르고만 있다가 드디어 오늘 아이들을 몰고 나갔다. 아무리 보아도 우리 학교 벚꽃이 가장 아름다운 것 같다. 어제 어린이대공원에도 가 보았지만, 우리 학교만큼 아름답지 않았다. 꽃송이부터가 다르다. 몽실몽실 꽃공들이 달린 것 같다. 학교 건물과 운동장 사이에 한 줄로 길게 늘어서 있다. 가지가 위로 뻗지 않고 옆으로, 앞뒤로 쭉쭉 뻗어 있다.

밖으로 나가기 전에 교실에서 잠깐 시가 이런 것이라고

이야기했다. 보기시도 몇 편 읽어 주고 했지만 귀담아듣는 것 같지 않았다. 밖에 나가자 아이들은 제멋대로다. 교실에서 해방된 자유를 누리기에 온 정신을 다 빼앗겼다. 도무지 시를 쓸 마음이 아니다. 다시 모두 불러 모았다. 지금부터 벚꽃을 자세히 관찰하고 그 장면을 생생하게 그려 보라고 했다. 다른 학교로 간 친구가 너희가 쓴 시를 읽고 부산상고 벚꽃이 그려지게 써 보자고 했다.

한 20분 지나자 다 썼다고 가져온다. 온통 설명이고 눈 타령이고 나비 타령이다. 자세히 지켜보지 않고 건성으로 보고 썼다.

"우리 학교 벚꽃을 보면 정말 멋진 것 같다."

"투명한 벚꽃이 눈송이처럼 나왔네."

"벚꽃을 보면서 길을 걸으면 / 영화 장면이 생각난다. / 꼭 내가 주인공이 된 것처럼 / 어디든 빛이 되어 비추어 준다."

"따스한 햇볕 아래 벚꽃이 내 마음을 녹이네."

"바람에 벚꽃이 눈송이처럼 화려하게 날리네."

"학교에 하얀 나비가 날아다닌다."

"개구리가 올챙이알을 까 놓은 것 같다."

이래 갖고는 시가 안 되겠다 싶어 다시 불러 모았다. 내가 시가 됐다고 말한 사람만 점심 먹으러 가고, 시가 안 된 사람은 점심시간에도 여기 앉아서 쓸 것이라 했다. 어설픈 비유 하지 말고, 자세히 보고 그 순간 일어나는 느낌과 마음이 흘러가는 것을 그대로 붙잡아 보라고. "개구리가 올챙이알을 까 놓은 것 같다"고 한 표현은 빛나는 관찰이라고 칭찬해 주었다.

까딱하다간 점심시간을 빼앗기게 생겼다고 생각했는지 이번에는 제법 분위기가 좋다. 하나씩 공책을 들고 오면 읽고 같이 고쳐 보기도 했다. 군더더기 말은 빼 주기도 하고. 그렇게 한 사람씩 받으니 제법 잘 썼다.

우리 학교 벚꽃

부산상고 1학년 박명근

우리 학교 벚꽃은
소나무 옆에 서 있다.
아이들은 벚꽃만 본다.
그런 아이들을 보면서
소나무는 서운해진다. 2012년 4월 8일

나비 같은 벚꽃

부산상고 1학년 김우형

가지를 앞으로 쭉 뻗은 벚꽃나무는

당감동 우리 동네를 가리키고 서 있다.

바람이 불면

잡고 있다가 놓아준 나비처럼

꽃잎이 우리 동네로 날아간다. 2012년 4월 8일

벚꽃

부산상고 1학년 송유근

우리 학교 벚꽃나무

가지마다 꽃이 피었다.

살짝 분홍색 물이 들은 눈꽃이다.

눈꽃을 잡아 보려 뛰어다닌다.

햇빛에 눈이 따갑다.

꽃을 먹고 싶다.

봄빛을 마시고 싶다. 2012년 4월 8일

꽃공

부산상고 1학년 박상철

하얀 공처럼 뭉쳐진 벚꽃잎
그 꽃잎들이 한 잎씩 떨어져 나간다.
몽실몽실 뭉쳐진 하얀 꽃공들이
형체를 잃어 간다.
꽃공들이 모두 사라지면
그냥 나무가 되겠지. 2012년 4월 8일

시를 쓰겠다는 욕심을 앞세우면, 시를 써야 한다는 압박감에 오히려 감각이 굳어 버리기 쉽다. 생활 속에서 자연스럽게 붙잡은 감각이 훨씬 생동감 넘친다. 관찰이란 것도 그렇다. '이걸 자세히 관찰하여 시를 써야지' 하고 노리고 들면 정확한 관찰은 될지 모르나, 그 순간 자기만의 느낌을 붙잡아 내기가 어렵다. 돌아보니 내가 너무 시에만 집착했던 게 아닌가 싶다.

〈우리 학교 벚꽃〉을 보면, 다른 아이들 눈에는 보이지 않는 소나무가 명근이 눈에는 쏙 들어왔다. 다른 아이들은 모두 꽃나무에 마음이 쏠려 있지만 명근이 마음은 소나무로 향해 있다. 무심코 눈에 들어온 소나무를 보고 있으니, 자기도 모르게 마음이 소나무로 다가가서 어느새 소나무와 하나가 되었다.

이걸 해야지, 하고 벼르고 노리던 일보다, 즉흥으로 하게 된 일이 오히려 더 나은 열매를 맺을 때가 있다. 벼르던 일에는 욕심이 들어가고, 그래서 욕심대로 안 되면 괜히 아이들한테 짜증을 내기도 한다. 그럴수록 일은 어긋나게 마련이다.

아무튼 이렇게 한 시간 시 쓰기를 해 보았다. 그런데 다음 날 아이들 사이에 이상한 소문이 돌았다. 구자행 변태라고. 꽃 보고 흥분한다고.

교실 밖으로 2

둘째 시간과 셋째 시간 아이들을 데리고 학교 뒷산에 올랐다. 종 치면 연필만 가지고 간편한 차림으로 교문 앞에 모이라고 했다. 교문을 나서면 바로 배산이다. 양지유치원 담벼락을 끼고 배산 솔숲으로 들어서는데, 스무 살은 됨직한 커다란 벚나무가 들머리에 떡 버티고 섰다. 꽃이 활짝 피었다. 꽃나무를 보고 있자니 온 세상이 환해 보인다. 벚꽃나무 앞에서 걸음을 멈추었다. 늘어진 꽃가지에 코를 갖다 대 본다. 이걸 좀 느껴 보고 지났으면 좋겠는데 아이들은 그냥 지나친다.

지난주에도, 지지난주에도 혼자 와 보았다. 바람은 찬데 진달래는 벌써 피었다. 애가 탔다. 이러다가 봄 다 지나가는 건

아닌지. 날씨가 따뜻해져야 아이들을 몰고 나갈 텐데 바람만 쌩쌩 불었다.

오늘 날씨는 마침맞다. 솔숲을 지나 오르막으로 들어서니 등줄기에 땀이 밴다. 아이들은 시끌벅적하다. 좀 가만히 자연을 느껴 보면 좋으련만. 학교를 나설 때 오늘은 봄과 자연을 느껴 보자고 일렀건만 나 혼자 욕심이다.

제비꽃이 무리지어 피어 있는 산길을 올라 등성이에 오르니 진달래가 활짝 피었다. 내가 보니 분홍 꽃인데 아이들은 그게 보랏빛이란다.

아이들을 앉혀 놓고 시를 읽어 주었다. 손가방에 《버림받은 성적표》와 《개구리랑 같이 학교로 갔다》 시집 두 권을 넣어 왔다. 〈우리 학교 벚꽃〉 〈나비 같은 벚꽃〉 〈봄〉 〈살구꽃〉 네 편을 읽어 주었다. 아이들이 조용히 들어 주어서 참 고맙다. 종이를 한 장씩 나눠 주고 시를 써 보자고 했다. 무엇이든 자세히 관찰하여 본 대로 느낀 대로 그려 보라고 했다. 자연을 관찰하면서 자기 마음이 흘러가는 것도 그대로 붙잡아 보라고. 뭉뚱그려서 쓰려고 하지 말고 무엇이든 작은 것 하나를 잡고 살펴보라고.

떠들썩하니 시가 될 것 같지 않다. 나도 꼭 시에 집착하지 않기로 했다. 아이들 노는 모습을 사진에 담았다.

"선생님, 종이 받칠 게 없어서 못 쓰겠는데요?"

"무릎에 올려놓고 쓰면 되지."

기차놀이 하듯이 쭈욱 늘어서서 동무 등판에 대고 시를 쓴다. 웃음이 나온다. 혼자 자기 자리를 찾아 떠나는 아이도 몇 눈에 띈다.

시를 써 왔는데 진달래를 두고 보라색 꽃이라고 썼다. 내 눈에는 분홍인데 보기에 따라 보랏빛으로 볼 수도 있겠지. 그런데 이 나이 되도록 진달래를 모르다니 놀랍다.

한 10분 지나니 모두 다 썼다고 종이를 들고 온다. 한 시간이 금방 간다. 반장 태수가 노래를 한 곡 뽑았다. 이어서 성훈이도 요즘 유행하는 발라드 한 곡을 불렀다. 시를 다 못 쓴 사람은 교실에서 완성해서 내라고 하고, '올챙이' 노래를 합창하면서 서둘러 내려왔다.

학교에 오자마자 아이들이 쓴 시를 읽어 보았다. 큰 기대는 하지 않았다. 그 가운데 눈에 띄는 시가 있었다.

꽃눈

연제고 2학년 남지영

화사한 봄날
하늘하늘 꽃눈이 내린다

겨우내 참아 두었던 분노를

한꺼번에 터트리는 꽃눈

짧지만 강렬한 2012년 4월 9일

나뭇잎

연제고 2학년 김진희

나도 새로 태어났는데

나도 파릇파릇하고 푸르른데

모두들 솜 같은 저 아이를 보고

마치 박물관에 온 것처럼 감탄한다.

나는 저 아이가 거의 질 때쯤

그냥 산을 푸르게 하는 일부로 쓰일 뿐

순간의 아름다움이

사람들은 더 좋은가 보다.

나도 힘들게 태어났는데

나도 봄의 향기를 마시며 푸르른데 2012년 4월 9일

아이들이 쓴 글을 읽을 때 아이들의 빛나는 말에 놀랄 때가 많다. 지각한다고, 담배 핀다고, 공부 못한다고 늘 잔소리나

듣던 바로 그 아이에게도 이렇듯 빛나는 감성이 꿈틀대고 있었구나 싶다. 지영이는 벚꽃을 보고 겨우내 참았던 분노를 터뜨리는 것이라 생각했다. 꽃을 피우고 그 꽃잎이 바람에 흩어지는 모습이 참고 참았던 분노를 한꺼번에 터뜨리는 거라고.

진희는 대상을 자세하게 들여다보았다. 벚꽃나무를 보면서 남들은 모두 꽃에 눈이 갔지만, 진희는 꽃이 아닌 나뭇잎에 마음이 다가갔다. 나뭇잎에 마음이 머물면서 자기도 모르게 그 나뭇잎과 하나가 되어 버렸다. 시를 쓸 때는 마음이 쏠리는 대상이나 부분을 놓치지 말고 자세히 살피는 눈을 가져야 한다. 자세하게 보게 되면 자기도 모르게 그 대상에 마음이 다가간다. 사랑의 눈으로 보게 된다. 그리하여 대상에 마음이 머물면서 자기만의 느낌이 일게 되고, 대상과 하나가 되는 것이다.

봄이 오는데

연제고 2학년 허진혁

새봄이 피어났다.

흙 냄새, 꽃 냄새가 나무를 타고

이름도 모르고

자세히 보아야 보이는 것들이

봄을 준비한다.

봄을 즐긴다.

나는 봄의 작은 기쁨을 느끼는데
철조망 속 아이들은 이것을 알까?
나는 저 푸른 새소리를 듣는데
자동차 타고
수업 듣고
뛰어다니는 사람은 이것이 들릴까?
봄이 피어나고 있는데 2012년 4월 9일

흔들리는 산

연제고 2학년 차현욱

배산에 올라간다.
벚꽃이 흔들린다.
소나무가 크게 흔들리고
제비꽃은 작게 흔들린다.
모든 것이 흔들린다.
모든 것이 흔들리니까

내 마음도 바람 따라 흔들린다. 2012년 4월 9일

시를 쓰려면 느낌을 잘 붙잡아야 한다고 말하지만, 느낌을 붙잡아 내기가 말처럼 그렇게 쉽지 않다는 것을 시를 지도해 본 사람이면 누구나 느꼈을 터이다. 느낌은 그것을 '따뜻하다' '쓸쓸하다' '불쌍하다' '슬프다' 같은 느낌말로 바로 드러내면 읽는 사람 마음에 다가가지 않는다. 또 흔히 쓰는 비유를 써서 드러내면 마치 마음을 포장한 것 같다. 진혁이와 현욱이는 자연에서 받은 느낌을 잘 붙잡아 썼다.

물건도 자주 쓰지 않고 버려두면 녹슬듯이 느낌을 붙잡는 마음결도 그렇지 않을까. 느낌을 붙잡는 마음결이 무디어지면 슬픈 일에 눈물 흘릴 줄 모르고, 기쁜 일에 함께 웃을 줄 모르고, 잘못을 저지르고도 부끄러움을 못 느끼고, 불의를 보고도 분노가 끓어오르지 않지 싶다. 잡힐 듯 말 듯한 가늘고 잔잔한 움직임은 그냥 놓치고 만다. 시 쓰기는 아이들 마음결을 섬세하게 가꾸어 주는 데 도움이 되지 않을까.

꽃

연제고 2학년 변영환

공부 시간에 야외 학습을 했다.

산 정상에 올라갔다.

전망이 탁 트여 풍경이 시원하다.

꽃이 만발하게 피어 있다.

고등학생들의 인생도 이렇게

탁 트였으면 좋겠다. 2012년 4월 9일

배산

연제고 2학년 최승현

이곳은 섬이다.

옛날 옛적 호랑이가 담배 피던 시절엔

'산'이라는 이름이었다고 한다.

하지만 내 눈엔 섬으로 보인다.

오르면 오를수록 도로와 아파트가 보이고

도시에 둘러싸여 있는 모양새가 거북이 등껍질 같다.

현대인 눈에는 이미 산은 없다.
산으로 오르는 것이 낯설고
산을 잃은 지 오래다.
단지 휴양지일 뿐이며 섬일 뿐이다.
푸른 녹음과 꽃이 만발한 관광지일 뿐이다.
한 발 내디딜 때마다
자연이 아닌 인간의 손밖에 안 보인다.
이건 산이 아니라 섬이다. 2012년 4월 9일

영환이와 승현이는 자연을 보고서 마음이 자연에 머물지 않고 거기서 한걸음 비켜났다. 영환이는 배산 꼭대기에서 탁 트인 풍경을 보고서, 꽉 막힌 우리 고등학생들의 생활을 떠올리며 마음이 자기 삶에 가닿았다. 승현이는 사람들이 산을 한낱 대상으로 삼아 마구잡이로 휘저어 놓은 것을 보고서 우리 삶을 돌아보았다. "산이 아니라 섬"이라는 말 속에 본디 모습을 잃어버린 자연을 바라보는 안타까움이 고스란히 묻어난다.

2

멋진 불평

아이들과 시 쓰기 할 때 '불평'을 가지고 즐겨 쓴다. 해마다 거르지 않는 단골 글감이다. 교실에 들어가서 이렇게 말을 꺼냈다.

"나는 불평이 참 좋은 자기표현이라고 생각해. 시도 때도 없이 불평만 늘어놓으면 보기 흉할 테지만, 그 누구도 흉내 낼 수 없는 자기만의 멋진 불평 한마디는 아름다운 시가 될 수 있거든. 이 세상에 불평불만이 없는 사람이 있을까. 너희들이 불평을 할 때는 다 그럴 만한 까닭이 있다고 봐. 아이들의 정당한 논리가 어른들의 억압으로 묵살당할 때 불평이 나오는 거지."

그런 다음 칠판에 짧은 시 한 편을 쓰고 같이 읽었다.

피곤해

경남여고 1학년 김민조

야자를 마치고 집에 가서 씻고 누웠다.
잠시 눈 한 번 감았다가 떴는데 아침이다.
기절했다 깬 것 같다. 2010년 6월 3일

"누구도 흉내 낼 수 없는 불평이지. 오로지 민조만이 할 수 있는 불평이야. 그렇지만 이렇게 표현해 놓고 나면 '정말 그래!'

싶은 마음이 들잖아. 누구나 공감하게 되잖아. 이게 바로 시야. 야간 자습까지 마치고 집에 와서 잠시 눈 한번 감았다가 떴는데 아침이야. 참 미칠 노릇이지. 그런데 답답한 그 심정을 '기절했다 깬 것 같다'고 표현하니, 불평이 아니라 아름다운 시가 되어 피어나잖아. 참 신기하지."

짧은 석 줄에 자기 마음을 이렇게 잘 표현했을까 싶은지, 아이들 눈빛이 반짝거린다. 시작하고 처음 5분이 그날 한 시간 수업을 결정하는 수가 많다. 아이들 눈빛이 솔깃해지면 나도 이야기가 술술 잘 풀려 나온다.

"선생님이나 부모님, 친구들 앞에서 말할 때는 아무래도 가식이 조금씩 들어가게 마련이야. 그런데 길 가다가 혼자서 하는 말, 속으로 삼켰던 말, 선생님이나 부모님 앞이라서 차마 내뱉지 못했던 불평, 화가 났을 때 하고 싶었던 말, 이런 것이 오히려 진실에 가깝다고 봐. 시는 진실을 표현하는 거야. 감추거나 속이지 말고 거침없이 당당하게 말하고 나면 속이 다 시원해지는 느낌이잖아."

두 번째로 준비한 시를 꺼내 놓았다. 이번에는 읽어 주었다.

어쩌라고

경남여고 1학년 이승은

어른들과 얘기할 때 눈 보고 얘기하기
자신의 의견 분명히 밝히기
하지만 이런 건 학교에선 아무 소용 없다.
눈 보고 얘기하라길래 눈 보고 얘기하면
뭐가 떳떳하냐고 뭐라 한다.
선생님 말이 사실이 아니라서
내 의견을 말하면
교사 지도 불응을 들먹이며 -5점을 준다.
도대체 우리는 어떻게 하란 말인가. 2010년 5월 31일

"어때, 승은이가 쓴 시를 읽어 보면, 조금은 속이 시원해지는 느낌이 들지 않아? '도대체 우리는 어쩌라고!' 이렇게 말해 놓고 나니 그래도 좀 시원하잖아. 내가 교무실에서 겪은 이야기 하나 할까. 전에 학교 있을 땐데, 옆 반 종현이가 조퇴하러 내려왔어. 담임선생님한테 머리가 아파 조퇴하고 싶다고 하니, 선생님이 뭐랬는 줄 아니. 대뜸 한다는 말이 글쎄 '왜 아픈데?' 그러는 거야. 그러니 종현이가 아무 말 못 하고 서 있더라. 끝내 종현이는 조퇴 못 하고 말았지 아마. 종현이도 시로 썼더

라면 어떻게 썼을까. '왜 아퍼? 아픈데도 특별한 이유가 있어야 하나? 분명히 난 아침에 일어났을 때부터 아팠는데. 그게 다인데.' 선생님 앞에서야 이렇게 말 못 하지.

그런데 시를 쓸 때 조심해야 할 게 있어. 이 말을 하면 친구들이 재미있어하겠지, 하는 얄팍한 마음은 금물이야. 왜 그런고 하니, 재미있게 쓰려고 하다 보면 시가 싱거워. 뭔가 빠진 듯하지. 그렇잖아. 억지로 웃기려고 들면, 보는 사람이 마음이 참 되지. 시는 절실한 마음을 담아 써야 읽는 사람이 '참 그렇구나!' 하고 고개를 끄덕이게 되지."

시 쓰기에 앞서서 이렇게 이끄는 이야기로 바람을 잡고, 곧바로 시 맛보기에 들어갔다. 보기시들을 영상으로 보여 주면서 하나씩 아이들이 돌아가면서 읽었다. 이 가운데 어느 시가 가장 자기 마음에 와닿는지, 그 시 어디가 마음에 드는지, 왜 마음에 드는지 물었다.

다른 가족

경남여고 1학년 박민경

엄마랑 아빠랑 놀러 갈 준비를 한다.
나는 학원에 갈 준비를 한다.

한 집에 두 가족이 산다. 2010년 6월 3일

스펙

경남여고 1학년 한유정

토익, 토플, 학력, 자격증…….

대학에 배우러 가는데

왜 벌써 다 배운 사람만 뽑아 가는지. 2010년 5월 31일

그때

경남여고 1학년 신혜원

지나가는 어른들은 우릴 보고 말하신다.

저 때가 참 좋을 때지.

지나가는 중학생을 보며 우리는 말한다.

저 때가 참 좋을 때지. 2010년 6월 3일

칠판

경남여고 1학년 손유선

7교시 종이 치고 청소 시간

오늘도 어김없이 칠판을 닦기 시작했다.

너무 더러워 나는 세게 닦았다.

청소하는데 선생님이 옆에서 무엇을 적으신다.

그러더니 나한테 화를 낸다.

"지금 적고 있는데 칠판 올리면 어떡하노?"

사실 내가 올린 게 아니라

세게 닦다 보니 올라간 것인데

그럼 선생님은

청소하고 있는데 꼭 지금 적어야 될까? 2010년 5월 31일

달

경남여고 1학년 류민혜

집으로 돌아갈 때 달을 본다.

어제 오른손에 있던 달이

오늘은 내 머리 위에 있다.

시간이 너무 빨리 간다.

나만 빼고 모든 게 너무 빨리 흘러간다. 2010년 6월 3일

별일

경남여고 1학년 안현주

엄마가 한번씩 묻는다.

"학교는 별일 없나?"

"어, 별일 없지."

날마다 똑같은 대답이다.

나도 별일이 좀 있었으면 좋겠다. 2010년 5월 27일

고기

경남여고 1학년 임혜진

우리는 고기다.

우리에게는 도장이 찍힌다.

1등급을 비싸게

9등급은 싸게 팔린다.

나는
팔리고 싶지 않다. 2010년 5월 27일

시 쓰기에 앞서 시 맛보기 공부는 빼놓을 수 없다. 친구가 쓴 시를 읽으면서 자기도 쓸거리를 찾고, 어떻게 쓸지 감을 잡게 된다. 자기 마음에 와닿는 시를 고르고, 마음이 오래 머물렀던 곳을 말하고, 그러면서 시를 좋아하게 되고 시 속으로 빠져드는 듯하다. 이렇게 멍석을 깔아 주었더니 아이들이 불평을 시로 쏟아 냈다. 그 가운데 눈에 띄는 몇 편을 소개해 본다.

소화기

연제고 1학년 원혜민

교실 앞 저 구석에 있는 소화기
뿌연 먼지가 쌓이도록
교실에 처박혀 있는 소화기

그래도 나는

저녁에는 교문 밖을 나갈 수 있으니

소화기보다는 조금 나은 것 같다. 2011년 5월 13일

창문 밖 노을

연제고 1학년 이예지

우와! 저녁 시간이다.

행복해하는 아이들

그런데 왜 나의 마음은

가라앉고 있을까.

고개를 창문으로 돌렸다.

해가 진다.

세상이 붉어졌다.

선생님들이 교문을 나서는 모습

나는 도대체 무슨 잘못을 했길래

집에 갈 때 이것저것 이유를 늘어놓아야 하나

또다시 하루가 스쳐 가고 있다. 2011년 5월 13일

웃을 권리

연제고 1학년 정민규

야자 시간 10분 남겨 놓고
내 짝이 장난을 쳤다.
터져 나오는 웃음
"어이, 거기 애들 나온나."
딱! 딱!
종아리에 빨간 줄만 남아 있다.
우리는 웃을 권리도 없는 사람이다. 2011년 5월 13일

내 처지가 교실 저 구석에 처박혀 먼지가 뿌옇게 쌓인 소화기만큼이나 하냐고, 혜민이가 묻는다. 하루 일을 마치면 선생님들은 자유롭게 교문을 나서는데, 도대체 나는 무슨 잘못을 저질렀기에 마음대로 교문을 나서지 못하느냐고, 예지가 묻는다. 아이들은 도무지 이해할 수 없는 이상한 일인데 어른들은 당연한 일이라 여긴다. 아이들 눈에는 웃을 일인데 어른들 눈에는 그것이 용서 못 할 나쁜 짓이다. 아이들의 절규를 나약한 변명쯤으로 귓등으로 들어서는 안 될 일이다.

해가 바뀌고, 또 다른 아이들을 만났을 때도 '멋진 불평'이라는 글감을 가지고 이와 같은 방법으로 시 쓰기를 했다. 이번

에는 보기시가 더 늘어났다. 바로 자기 선배들이 쓴 시로 보기시를 삼았다. 보기시는 다른 학교 아이들이 쓴 것보다 바로 옆에 친구나 선배들이 쓴 시가 더 좋다. 교사도 처음 시작할 때는 남이 지도한 시를 가지고 할 수밖에 없지만, 실천 사례가 쌓이면 자기가 지도한 아이들 시를 보기시로 하면 된다. 한 편 한 편, 사연과 사랑이 담긴 시일수록 얘깃거리가 더욱 풍성해서 좋다.

생각만

연제고 2학년 서지민

시험 기간이다.
책상 위 종이가 어지러이 놓여 있다.
나는
그걸 몽땅 씹어 먹고 싶다.
아니 그냥 갈가리 찢고 싶다.
불태워 버리고 싶다.
재도 남지 않게
나는
종이처럼 가만 앉아만 있다. 2014년 11월 17일

학원 선생님

연제고 2학년 김동휘

시험공부를 하다

배가 고파서 근처 편의점에 갔다.

편의점 가는 골목 닭집에서

학원 선생님이 친구들이랑 술 한잔하셨는지

가게 밖에서 술 냄새를 풍기며

담배를 피고 계셨다.

깍듯이 인사를 하고 지나가려는데

나를 붙잡아

자기 아들 고려대 못 갔다고 하소연을 한다.

지금이라면 한 대 때려도

술기운에 묻혀 모르지 않을까?

그래도 선생님이기에 묵묵히 들으며

영혼 없는 대답을 한다.

나는 부산대는 갈려나. 2014년 11월 17일

친구

연제고 2학년 정정모

내 친구 채언이는

우리 집 5층 위에 산다.

아침마다 만나서 같이 학교로 간다.

그런데 채언이는 시간을 어기고

미안하다는 말도 하지 않는다.

나는 약속 어기는 것을 굉장히 싫어하기에

아침마다 화가 난다.

그래도 평생 볼 친구이기에

오늘도 아무 말 없이

같이 담배 한 대 피고

학교로 왔다. 2014년 11월 18일

누구나 불평을 할 때는 그럴 만한 사정이 있게 마련이다. 지민이는 시험공부 할 게 너무 많아서 가슴이 답답하고, 동휘는 자기 아들 좋은 대학 못 들어갔다고 푸념하는 학원 선생님에게 몹시 화가 났고, 정모는 약속 시간을 지키지 않는 친구가 못마땅하다. 그렇지만 모두 속으로 꾸욱 삭이고 말았다. 지민이는 종이처럼 가만 앉아만 있고, 동휘는 선생님 말을 묵묵히 들으면서 영혼 없는 대답을 했고, 정모는 평생 볼 친구라서 같이 담배 한 대 피고 삭혔다.

시 맛보기 공부할 때, 이렇게 시 서너 편을 읽어 주고 나서 공통점이 무엇일까? 하고 묻기를 좋아한다. 그러면 "모두 불평을 표현했어요" 하고 쉽게 찾아낸다. 좀 더 기다리면, "불만이 있는데 화를 참았어요" 하고 시를 쓴 아이 마음을 읽어 내기도 한다.

3

미안한 마음

2학년 3반 남학생 교실에 가서 '미안했던 일'을 붙잡아서 시를 써 보자고 했다. 아버지나 어머니, 학교 친구, 선생님, 길 가다 맞닥뜨린 모르는 사람도 좋고, 돌아보면 참 미안했던 일이 하나쯤 있을 것이다. 그 장면을 붙잡아 쓰라고 했다. 마땅한 보기시를 찾지 못해 바로 시 쓰기로 들어갔다. 쓰기에 앞서 두 가지만 당부했다. 미안했던 일을 쓰지만 시에는 '미안하다'는 말을 쓰지 말 것과 언제 어느 곳에서 벌어진 일인지 장면이 환히 드러나게 쓰라고 했다.

모두 진지하게 시를 써냈지만 그 가운데 시가 된 것은 몇 편 안 된다. 의현이가 쓴 〈재영이〉, 경준이가 쓴 〈상민이〉, 선주가 쓴 〈엄마〉란 시에 눈이 간다. 그래, 이걸로 보기시를 삼자. 아이들을 시 속으로 끌어들이자면 무엇보다 보기시가 좋아야 한다. 펌프로 물을 자아올리자면 마중물이 필요하듯이. 윤선도의 〈어부사시사〉에 나오는 노랫말 한 도막이 생각났다. "밋기곧 다오면 굴근 고기 믄다" 미끼가 좋으면 굵은 고기가 문다는 말이다.

재영이

연제고 2학년 이의현

영어 연강 시간

단어 시험을 쳤다.

프린트를 잃어버려 난 단어를 외우지 못했다.

짝지 재영이는 다 외운 듯이

단어를 다 적었다.

자연스레 그 종이에 눈이 갔다.

하나둘 베끼다가

아차, 걸렸다.

영어 쌤이 나 민석이 재영이

모두 영점 처리한단다.

나만 베꼈는데

재영인 그냥 가만있었는데

화가 날 법도 한데

재영이는 웃어 준다. 2014년 11월 21일

차 안에서

연제고 2학년 김민수

등굣길 아버지 차 안에서

나는 잠이 덜 깬 채 옆자리에 앉았다.

늘 듣는 아버지 말씀

"공부 잘돼 가고 있니?"

"뭐가 부족한 게 있니?"

아버지 말이 거슬리고 짜증이 났다.

"제발 잔소리 좀 그만하세요!"

"항상 하는 그 말 지겨워요!"

나도 모르게 버럭 튀어나와 버렸다.

차 안은 정적이 흐른다.

내가 지금 뭐 한 거지.

아버지한테 왜 그랬지.

속마음을 숨기려고

내 목소리는 점점 커져 간다.

차 안은 내 목소리로 꽉 찼다.

아버지 목소리도 점점 커져 간다.

차 안 분위기는 내 속마음과는 반대로 흐른다. 2014년 11월 21일

엄마

연제고 2학년 하선주

아침에 바빠 학교 갈 준비하다가

책상 위에 두었던 학생증이 없어져서

엄마가 또 물건 치울 때 없어졌다 생각하고

엄마한테 학생증 어디 갔냐고 따졌다.

학교와 집 거리가 먼 데다

늦잠까지 자서

엄마한테 신경질을 내고 집을 나왔다.

지금 바로 가도 이미 지각이라

한숨 쉬면서 길을 걷는데

주머니에 뭘 넣은 적도 없는데 묵직하다.

손을 넣어 보니

학생증이 나왔다. 2014년 11월 21일

의현이는 공부 시간에 짝지 재영이한테 미안했던 일을 붙잡았고, 민수는 아버지한테 벌컥 소리를 질러 놓고 뒷감당을 못 했던 일을 붙잡았고, 선주는 제 성질을 못 삭혀 엄마한테 성질부렸던 일을 붙잡아 썼다. 읽으면 모두 '그랬구나!' 하고 고개가 끄덕여진다.

좋은 보기시가 마련되자 나도 신이 났다. 어서 공부 시간이 다가왔으면 싶고, 교실 문을 열고 들어설 때는 가슴이 뛰고, 교실에 들어가서도 싱글벙글 웃음이 나온다. 아이들이 물었다.

"선생님, 무슨 좋은 일 있으세요?"

"그래, 좋은 일 생겼지."

"무슨 일인데요?"

"좋은 미끼가 생겼거든."

그러면서 보기시를 쭈욱 달아 읽어 주고 나서 물음을 던졌다.

"방금 읽은 시 세 편, 공통점이 뭘까?"

여기저기서 답을 했다.

"시를 쓴 대상이 모두 사람이라는 거."

"산문시."

"미안함."

기다리던 답이 나왔다.

"모두 다 맞혔지만 내가 기다리던 답은 '미안함'이야. 세 편 다 미안한 마음을 붙잡아서 시를 썼지. 그런데 어디에도 '미안하다'는 말이 있나요?"

"없어요."

"그런데도 시를 읽으면 시 쓴 사람이 미안해하는 마음이 느껴지나요?"

"예."

그러고 나서 어느 시가 마음에 와닿는지, 그 시 어느 구석이 좋은지, 시를 쓴 사람 마음이 담겨 있는 곳은 어디인지, 돌아가며 말해 보라고 했다. 아이들은 민수가 쓴 〈차 안에서〉를 좋아했다. 자기들도 민수와 비슷한 경험이 있다고 하면서, 자기가 잘못해서 미안한데 그런 속마음하고는 반대로 도리어 큰소리치고 더 짜증을 부리기도 했단다.

가람이는, 의현이가 쓴 〈재영이〉를 듣자마자 자기도 모르게 "우아! 보살이네" 하고 내뱉는다. 그렇지. 동무의 실수에도 싱긋이 웃어 준 재영이는 정말 부처님 같아 보인다. 선주가 쓴 〈엄마〉는 아주 좋은 보기시가 되었다. 그 뒤에 많은 아이들이 '엄마'란 제목으로 시를 썼다.

엄마

연제고 2학년 우정은

월요일 아침
엄마가 어제 교복을 늦게 빨아서
아직 축축하다.
빨리 나가야 하는데

드라이기로 교복을 말리면서 시간을 뺏겼다.

투덜거리며 신발을 신었다.

그러자 엄마가

"또 나를 괴롭히냐? 엄마가 좀 나았냐?"

문을 거칠게 열고

평소에 꼬박 하던 '다녀오겠습니다' 소리도

빼먹고 나왔다.

아차, 엄마가 아프다는 걸,

역류성 위염을 앓고 있다는 걸,

어젯밤에도 화장실에서 토를 했다는 사실을

또 잊고 있었다.

내가 나간 뒤

기침을 하고 있을 엄마 생각하며 걸었다. 2014년 11월 24일

시를 읽으면, 기침을 하고 있을 엄마를 생각하며 걸어가는 정은이 모습이 절로 그려진다. 정은이에게 이 시 엄마 보여 드리라고 했더니, 수줍게 다음에 보여 줄 거라고 했다. 언젠가 정은이의 따뜻한 마음이 그대로 엄마 마음에 전해지겠지.

아빠 지갑

연제고 2학년 심준보

아빠는 나에게 참 좋은 사람이다.
돈이 있든 없든
배고파 보이면 치킨을 시켜 주고
필요한 거 없나 물어보신다.
나는 이런 아빠에게 불만이 없었다.

그런데 요즘 들어 아빠가 힘든가 보다.
그냥 침대에 누워 티비만 보신다.
처음엔 그런가 보다 했는데
우리랑 말도 없고 술만 먹고 들어오신다.

나는 그래도 아빠가 좋았다.
그런 어느 날 아빠가 치킨을 사 주신댄다.
나는 기분이 좋아져서
아빠가 지갑을 가져오란 말에
무심코 지갑을 열었다.

만 원짜리 두 장이 보였다.

그 두 장을 배달원에게 내고
거스름돈 2천 원을 받아 아빠에게 드렸다.
아빠는 남은 걸 용돈으로 쓰라 하셨다.
아빠 지갑은 비었다.
내 맘도 텅 비었다. 2014년 11월 24일

"아빠 지갑은 비었다. / 내 맘도 텅 비었다" 하는 곳에서 읽는 사람 마음도 함께 텅 빈 듯하다. 시를 쓴 준보의 미안하고도 아픈 마음이 그대로 느껴진다.

영어 과외

연제고 2학년 임수연

한 달에 58만 원
20% 할인해서 46만 4천 원
비싼 학원비 내고 다니는 가난한 예체능생
부산권 대학에 가기는 아깝고
서울권 대학을 가기는 모험인 성적
영어 점수가 내 발목을 잡아
어렵게 영어 과외 얘기를 꺼냈다.

최대한 싼 데 찾으라기에

미친 듯 밀려오는 과외 문자들에

구걸 아닌 구걸을 하며

과외비 깎는 내 모습이 불쌍하게 여겨졌다.

왜 나는 금수저 물고 태어나지 못했을까.

내가 하고 싶은 걸

하고 싶다고 말할 수 없고

배우고 싶은 걸

눈치 보며 말해야 하느냐고

엄마한테 막 따졌다.

한참을 베개에 고개 처박고

울고 나서야 깨달았다.

엄마도 가난한 집안에서 자라

학교도 못 다니고

열다섯 어린 나이에 공장 가서 돈 벌었는데

엄마는 이 악물고 살아왔는데

세습된 가난이 엄마 잘못은 아닌데

왜 나는 엄마 탓, 집 탓을 했는지

왜 엄마 가슴에 대못을 박았는지. 2014년 11월 24일

수연이 시는 읽다가 눈물이 났다. 시를 읽고 수연이에게

물었다. 이 시 다른 반 아이들한테 읽어 주어도 괜찮을지. 수연이는 고개를 끄덕였다.

한 반, 한 반 거듭할수록 보기시가 늘어났다. 보기시가 제법 많아지니 나는 더욱 신이 났고, 아이들은 공부 시간에 동무들이 쓴 시를 읽어 달라고 졸랐다. 끝내는 2학년 전체가 시 한 편씩 썼고, 크리스마스를 앞두고 그 시들을 비닐 코팅을 해서 앞뜰에 매달았다. 동무들이 쓴 시 앞에서 시를 읽는 아이들 모습이 참 보기 좋았다. 교장, 교감 선생님도 시를 감상하셨고, 수능을 마친 3학년들도 시 앞에서 걸음을 멈추었다. 5층에서 공부하다 내려다보니, 순찰 돌던 경찰 두 사람도 아이들 시 앞에서 걸음을 멈추고 쭈욱 한 바퀴 돌면서 시를 감상하고 있다.

기말고사 마치고 우리는 이렇게 시를 가지고 놀았다. 돌아보니 그 시간이 참 행복했다. 아이들과 참 많이 웃었다. 이때 쓴 아이들 시만 모아서 문집을 엮었다. 지나고 나면 묻혀 버릴 일들이지만, 이렇게 시로 붙잡아 놓으니 두고두고 꺼내 볼 수 있게 되었다.

4

선생님
관찰 기록

12월 16일, 드디어 시험이 끝났다. 아이들과 나는 기말고사가 끝나기를 기다리고 있었다. 기말고사가 끝났으니 내년 4월까지는 시험이 없다. 아이들은 모처럼 홀가분한 마음이다. 다른 이유로 나도 기말고사가 끝나기를 기다렸다. 시험 끝나고 겨울방학까지, 남은 한 주 동안 시 쓰기를 하려고 벼르고 있었다.

하이타니 겐지로의 《선생님, 내 부하 해》에 보면 '어른 관찰 기록'으로 아이들과 시를 써 본 사례가 나온다. 나도 따라서 해 볼 참이었다. 나는 범위를 좁혀서 '선생님 관찰 기록'으로 잡았다. 한 해 동안 얼굴 맞대고 산 사람이 선생님이다. 억울하게 당한 맺힌 마음도 있을 터이고, 공부 시간에 벌어진 숨은 사연들도 많지 않을까. 그동안 일방으로 듣기만을 강요당했지, 자기들 마음을 표현할 기회는 없었다. 하고 싶은 말이 있어도 내뱉지 못하고 살았다.

12월 17일 토요일, 1학년 2반과 4반 수업이 들었다. 교실에 들어가서 칠판에 큼지막하게 '선생님 관찰 기록'이라고 적었다. 그래도 아무 반응이 없다. 이럴 때 좋은 보기시가 있으면 분위기를 돌려 볼 텐데. 여기저기 찾아봐도 이거다 싶은 게 없었다. 탁동철 선생이 엮은 오색초등학교 아이들 시집 《까만손》에 나오는 〈양호 선생님〉을 읽어 주었다.

양호 선생님

양양 오색초 4학년 양승찬

양호 선생님이 오셨다.
우리는 장기를 했다.
양호 선생님이 온 것 알고도
우리는 계속 장기를 했다.
책상을 보니
시험지가 어지럽게 널려 있다.

1학기 때
내가 쓴 시를 종이에 옮겨
아이들한테 주었다.
광복이 형은 둘둘 말아서 버렸다.
얼마나 기분이 나쁘던지
패 버리고 싶었다.

오늘 두 번째로 느꼈다.
양호 선생님도
공부할 거를 준비해 오셨을 것이다.
그런데 우리는 반갑게 맞지 못했다.

인간이 그러는 게 아니다. 2000년 12월 5일

제목은 〈양호 선생님〉이지만 선생님을 대하는 아이들 태도를 나무라는 시다. 아이들 반응이 시큰둥하다. 기대한 반응은 이게 아닌데. 시험 후유증인가. 우리도 오늘 '선생님 관찰 기록'으로 시 쓰기를 해 보자고 하니, 시험 어제 끝났는데 무슨 시를 쓰냐고 여기저기서 야단이다. 어떤 아이는 국어 문제 어렵게 냈다고 따진다. 몇 편 더 읽어 주었다. 읽어 주는데도 이게 선생님 관찰 보기시로는 아니다 싶다. '선생님 관찰 기록' 밑에다가 덧붙여 적었다.

1. 선생님 총평을 하지 말 것
2. 비판하는 말을 직접 하지 말고 상황만 그릴 것
3. 구체적인 한 장면을 붙잡아서 쓸 것

어떤 상황이었는지, 그때 무슨 말이 오고 갔는지, 선생님이 어떻게 행동했는지 자세히 그려 보자. 시간이 오래 지났더라도 그때로 돌아가서 지금 막 그 일을 겪는 듯이 말해 보자. '국어 선생님은 참 자상하다' 이렇게 싸잡아서 쓰지 말고, 어느 때 어느 자리에서 일어난 일 하나를 잡아서 써 보자. 담임선생님 이야기를 해도 되고, 다른 과목 선생님을 대상으로 써도 된다고 했다. 딱히 선생님이 안 떠오르면 '친구 관찰 기록'도 괜찮다고 했다.

시를 쓰는 표정들이 떨떠름하다. 그랬는데 지환이가 〈담임선생님〉이란 제목으로 가장 먼저 시를 써냈다.

담임선생님

연제고 1학년 윤지환

담임쌤이 반에 들어온다.
들어와서는 고작 하는 말이
"집에 가."
뭐가 그리 바쁜지
아니면 뭐가 그리 귀찮은지. 2011년 12월 17일

아이들에게 읽어 주니 정말로 그런 일이 있었다고 한다. "집에 가" 겨우 그 말 할 거면서 왜 기다리라고 했는지, 아직까지 억울하다는 투다. 지환이에게 물었다.

"언제 있었던 일이야?"

"토요일 종례 때."

"어떤 상황이었는데?"

"선생님이 종례한다고 기다려라 해서, 다른 반은 집에 다 가고 우리 반만 남았는데, 늦게 오셔 가지고 그랬어요."

"그 상황을 넣으면 좋겠다. 그래야 시가 살지. 앞에다가 그 상황을 넣어서 다시 써 봐라."

이제 시 쓰는 분위기가 잡혀 간다. 다 쓴 아이는 옆에 친구에게 읽어 보라고도 하고, 나한테 들고 오기도 한다. 그렇게 일렀는데도 구체적인 한 장면을 붙잡지 못하고 "인상 좋으시고 / 참 다정하신 교감 선생님"이라고 써 가지고 나온다. 지금 하는 시 쓰기에 불만을 털어놓기도 한다. 이런 건 시가 되지 못했다고 다시 쓰라고 돌려보냈다.

턱쿠키

연제고 1학년 김민석

우리 반 정현이는 턱이 길다.
아무리 생각해도 너무 길다.
그래서 애들이 '턱쿠키' 하면서 놀리는데
나도 한 번씩 놀린다.
그렇게 놀리면
정현이는 턱으로 우리를 찍는다.

그렇게 턱으로 찍히면

차에 치인 것보다 더한 아픔이 느껴진다.

정현이의 턱은 혁명이다. 2011년 12월 17일

병준이

연제고 1학년 황찬종

오늘 병준이와 여러 애들까지

야자를 쨌다.

그런데 가는 도중 내내

병준이가 징징거린다.

쌤한테 걸릴 것 같고

숙제도 해야 된다고.

그러다 당구장에 도착했는데

병준이가 거기서

수학 문제를 푸는 것이 아닌가.

나는 그렇게나 웃기고

황당한 경우를 본 적이 없다. 2011년 12월 17일

야자 마스터

연제고 1학년 김지엽

우리 반 오지현이 계단에서 굴렀다.

발이 부어올랐다.

오지현은 담임샘한테 갔다.

"병원 가게 야자 좀 빼 주세요."

"안 돼 임마!"

오늘도 우리 반은 야자가 풀방이다.

만족스런 담임의 표정

막무가내 야자 방식이 최고인 줄 안다. 2011년 12월 17일

김승규의 눈

연제고 1학년 엄진욱

승규의 눈은 정말 이상하다.

우리 학교에 연예인이 있는 줄 안다.

승규는 급식 시간만 되면 되게 좋아한다.

그 애를 볼 수 있다면서

급식을 받고

그 애를 보기 위해 자리를 잡는다.
밥 먹으면서도 그 애를 보고 있다.
누가 봐도 닮지 않은 것을
박보영을 닮았다며 보고 있다. 2011년 12월 17일

일요일 쉬고 월요일부터는 2반과 4반 아이들이 쓴 시를 읽어 주니 좋아한다. 보기시가 쌓여 가니 분위기 잡기가 한결 수월하다.

시 쓴다는 소문이 전교에 쫘악 퍼졌다. 점심시간에 식당에서 승규를 만났는데, 밥 먹으려고 줄 서 있다가 나를 보자마자 항의한다.

"선생님, 내 시 여자 반에서도 읽어 주셨다면서요?"

"그래."

"그걸 읽어 주면 어떡해요. 소문 다 났어요."

"벌써? 미안하다. 이제 다른 반에서는 이름 안 밝히고 읽어 줄게."

승규가 말은 그렇게 해도 딱히 못마땅한 눈치는 아니다. 시를 써냈을 때 누구냐고 물었더니, 7반인데 이름은 비밀이라고 했다. 7반 여학생 반에 가서 승규 시를 읽어 주니까 서로 자기라고 우겼다.

〈턱쿠키〉를 쓴 민석이는 친구의 얼굴 생김새를 가지고 썼

다. 얼굴 모양을 자세하게 그렸다기보다 특징 하나를 붙잡아 거기에 얽힌 이야기를 압축해서 말해 놓았다. 마지막 "혁명"이란 한 낱말에 잘 압축했다.

〈야자 마스터〉를 쓴 지엽이는 시를 써내면서 이름을 절대 밝히지 말라고 당부했다. 혹시 담임 귀에 들어갈까 걱정한 것이다. 지엽이 반 담임은, 부모가 죽기 전에는 야자를 빼 줄 수 없다고 했단다. 언제나 마흔 명 가득, 말 그대로 풀방이다. 대부분은 그냥 앉아서 시간을 죽인다.

찬종이가 쓴 〈병준이〉를 읽고서 아이들과 실컷 웃었다. 그런데 뒷맛은 씁쓸했다. 야간 자습을 빼고 지긋지긋한 학교에서 벗어났지만 병준이 마음은 자유롭지가 못하다. 담임이 집에 전화하지 않을까. 엄마한테 연락이 오지 않을까. 더구나 야간 자습 마치고 가야 하는 학원과 학원 숙제는 병준이 마음을 더욱 압박한다. 오죽했으면 당구장 구석에 엎드려서 수학 문제를 다 풀었을까. 그날 일을 병준이는 또 이렇게 썼다.

첫 번째

연제고 1학년 전병준

2학기 어느 날

고등학교 들어와서 처음으로
야자를 째고 놀러 갔다.
처음 나올 땐 홀가분하고
새로운 느낌이었다.
당구장으로 걸음을 옮기는데
차츰 걱정이 된다.
선생님이 집에 전화를 하실까.
엄마한테 전화가 올까.
화난 채 들어와 끌고 가진 않을까.
끝내 찜찜한 저녁을 보내고
몇 시간 동안 단 한 가지 생각뿐이었다. 2011년 12월 17일

'선생님 관찰 기록'을 써 보라고 했는데 많은 아이들은 '짝지 관찰 기록'을 써냈다. 선생님 이야기는 쓰기가 부담스러운 건지, 아니면 별 이야깃거리가 없을지도 모르지. 수업이란 게 늘 똑같은 그 나물에 그 밥인데 달리 무슨 이야기 나올까도 싶다.

어쨌든 이제는 아이들에게 보기시로 읽어 줄 거리가 생겼으니 아이들도 나도 시 쓰기에 재미가 붙었다. "옆 반 친구들이 쓴 신데 들어 볼래?" 그러면 엎드려 자다가도 슬며시 일어난다.

"지금 읽는 선생님은 누굴까 알아맞혀 봐라."

시를 읽어 주니 정말 똑같다고 깔깔댄다. 그 선생님 말투를 그대로 흉내 내 보기도 한다.

읽어 준 시 가운데 누구 시가 좋은지, 자기 마음에 와닿는 시를 한 편씩 골라 보기도 했다. 처음 시작할 때만 해도 딴짓하는 아이가 많았다. 수행평가에 넣을 거라고 다그쳐 보기도 했다. 이제는 그럴 필요가 없어졌다.

"선생님, 이거 선생님만 읽어 보는 거죠?"

"그래, 나만 읽는다."

"다른 반에 가서는 읽어 줘도 되는데 선생님들한테 보여 주면 안 돼요. 특히 우리 담임선생님은."

"그래 걱정 말고 쓰기나 해라."

아이들 시가 차츰 대담해져 갔다.

나가!

연제고 1학년 조주영

수학 수업이 항상 5, 6교시다.
수준별 수업이라 항상 같은 선생님이다.
선생님은 항상 같은 바람막이를 입고

항상 같은 말을 하며 들어오신다.

"나가, 나가, 공부하기 싫은 놈은 나가!"

아직 수업 시작도 안 했는데

선생님 오신 지 1분, 종 친 지 3분

옆 분단 아이 셋이 복도로 나갔다.

썰렁해진 분위기

"쌤, 바막 진깔이에요?"

누군가 던진 농담에

선생님은 당나귀 웃음과 함께 수업을 시작한다.

바람막이를 입은 동키를 닮은 선생님

오늘도 느릿한 말투로 허공을 보며

혼자서 자문자답 수업을 한다. 2011년 12월 19일

영어 선생님

연제고 1학년 최아정

영어 시간이다.

쌤은 애들을 쭉 둘러보시다가

꼭 한 명을 붙잡고 꼬투리를 잡는다.

그러다가 자신의 과거 얘기로 빠진다.

30분이 지났다.

샘은 이제 수업을 시작한다.

"이제 진짜 나간다. 자지 마라."

이 얘기에 또 5분이 흐른다.

이제 10분 남았다.

이 10분 동안 반 바닥을 나간다.

그걸로 부족하니까

쉬는 시간에도 진도를 나간다.

이래 놓고 다음 시간에

우리 반이 진도 제일 느리다 그런다. 2011년 12월 19일

총잡이

연제고 1학년 황민우

앞문이 열린다.

가죽 자켓 깍두기가 들어온다.

"고개 들어라 임마. 반장!"

"차렷! 경례!"

지옥 시작이다.

시간의 방이 돼 버린 것이다.

1분이 10분이 돼 버린 것만 같은

한 날은 가슴에서 총을 꺼낸다.
쏜다.
"어, 진짜 나가네."
몇 발 더 쏴 본다.
이건 더 이상 수업이 아니다.
우리는 과녁이 돼 버렸다.

또 어느 날이었다.
그날은 교무실에 노점상이 들른 날인데
왠지 기분이 쌔했다.
교실 문이 열리고 깍두기가 들어선다.
고개 떨군 친구 앞에 서더니
주머니에서 막대기 같은 것을 꺼낸다.
딱! 케이스를 벗겨 보니
일제 사시미 칼이다.
영화에서 조폭이 들고 다니는 것이다.
문제는 자연스럽다는 것이다.

하필 그날은

일제시대를 배우는 날인데

조상들 기분을

조금은 이해할 수 있을 것 같았다.

손이 떨려 필기를 못 하였다.

조상들도 이랬을까? 2011년 12월 20일

자유

연제고 1학년 이재형

우리 반 선생님은 대단하신 분이다.

부모가 죽기 전엔 야자를 못 뺀다고

학기초에 말했을 정도다.

야자를 빼러 두근거리며 찾아가면

반장이 학교 기강을 무너뜨리려 한다로 시작한다.

5분 정도 잔소리를 듣다 보니

결국 가란다.

그럴 거면 왜 잔소리를 하는지

학교 축제 연습하러 가려고 또 찾아갔다.

의자에 앉아 거만한 자세로 가 보라고 한다.

처음으로 교사다운 모습을 보았다. 2011년 12월 22일

걸림돌

연제고 1학년 변영환

야자 하는 데는 세 가지 걸림돌이 있다.

밧데리, 잠 그리고 선생님이다.

밧데리는 충전하면 되고

잠은 자면 되는데

정말 이것들은 답이 없다.

딱히 나는 야자를 째는 편은 아니지만

이것들은 정말 쓸데없이 돌아다닌다.

자기들은 야자를 왜 째느냐 물어보지만

참 나, 자기들은 그 이유를 모르나 보다.

당신들 때문이다.

아이들이 떠들 때 시끄럽다고 하는데

나는 네가 작대기로 두드리는 게 더 시끄럽다.

선생님만 없어도 야자가 편해질 것 같다. 2011년 12월 22일

민우가 쓴 〈총잡이〉는 충격이었다. 모른 체하고 그냥 넘어갈 일이 아니라고 생각했다. 사실이라면 이건 엄청난 폭력이다. 반대로 아이가 수업 시간에 커터 칼을 꺼내 교사를 위협했다고 하면 어떨까. 교권이 무너졌다고 한바탕 소동이 일겠지.

체벌 금지 탓을 하며 학생인권조례를 들먹일 것이다.

우리 반에 가서 사실인가 물어보니, 다른 반에서 그랬다는 이야기는 들었지만 우리 반에서 총이나 칼을 꺼낸 적은 없다고 했다. 민우 반에 가서도 물어봤다. 총을 쏘고 칼을 꺼낸 것은 사실이나 그 상황이 그냥 웃음이 나왔다는 것이다. 그 선생님이 공부 시간에 잘 웃기는데, 웃기는 행동 가운데 하나란다. 너희가 심각하게 여긴다면 짚고 넘어가야 할 문제라고 생각한다니까, 그럴 것까진 없다고 한다. 시를 쓴 민우는 손사래를 치면서 말린다. 한번 웃자고 한 장난치고는 지나치다.

아침에 학교 가는 차 안에서 영환이가 쓴 〈걸림돌〉이 떠올랐다. "정말 이것들은 답이 없다." 이 말에 씁쓸한 웃음이 나온다. 다른 선생님들이 보면 어떤 반응이 나올까. 건방지다고 하겠지. 버릇없다고 하겠지. 왜 아이들 말이 여기까지 왔는지 성찰해 보는 사람도 있을까.

일주일 동안 쓴 시 가운데 따뜻한 기억을 붙잡은 시는 한 편도 없다. 내가 선생님 비판으로 유도한 것은 아니다. 좋았던 장면이나 선생님다운 모습도 붙잡아 보라고 했다. 그런데 아이들 눈에 비친 교사의 모습은 감시자이고 폭군이다. 자업자득이다. 우리가 말썽 피우는 아이들을 마치 적 대하듯이 하는데 아이들이라고 다를까. 아이들 눈에 비친 교사의 모습이 이 시대 우리들의 슬픈 자화상이다.

5

함께 사는
이웃

우리 이웃, 가난한 우리 이웃들에 대한 애정, 이게 정말 소중한 우리 마음이다. 이 마음이 없는 사람은 자기보다 지위가 낮고 가진 게 적으면 깔보고 깔아뭉개고 업신여기게 된다. 겉으로는 위하는 척할 때도 있지만 위선이다. 중·고등학교 시절에 이 마음을 길러 주지 않으면 평생 거만하게 자기 잘난 줄만 알고 살 것이다. 가난하지만 꿋꿋하게 사는 이웃에 대한 애정. 아이들과 시를 쓰고 글쓰기를 하는 것도 이 마음을 갖게 하는 과정이고, 아이들 글은 이 마음에서 나온 열매다.

"우리가 그동안은 글을 쓰면서 우리 자신의 문제를 벗어나지 못했잖아. 자라 온 이야기도 그렇고, 식구들 이야기도 그렇고, 친구나 학교 이야기도 그렇고. 이제는 자신의 문제를 벗어나서 우리 이웃으로 눈을 돌려 보자. 내세울 것도 없고 가난해서 가진 것도 없고 그래서 아무도 알아주지 않지만, 꿋꿋하게 사는 사람들, 열심히 땀 흘리며 몸으로 살아가는 이웃 사람들의 모습을 담아 보자. 이번에는 시장에서 장사하는 할머니, 공사판에서 벽돌 나르는 아저씨, 장애인, 외국인 노동자, 노점상 아저씨 아주머니, 이런 사람들이 살아가는 모습을 담아서 시를 써 보자. 그러자면 그냥 대충 보아서는 쓸 수 없다. 10분이고 20분이고 자세히 지켜보고 나서 써야 한다. 표정은 어떻고, 차림새는 어떻고, 어떤 행동을 하고, 무슨 말을 주고받는지 자세히 관찰하고 나서 그 모습을 그대로 시에 담아 보자. 다음

주까지 일주일 시간을 줄게."

이렇게 말하고 이상석 선생이 엮은《있는 그대로가 좋아》에 실린 〈배추 장사〉〈군고구마 할아버지〉〈철공소〉〈우리 동네 아주머니들〉〈자갈치 아지매〉〈손수레 장수 아주머니〉〈공사장〉〈똥 푸소 아저씨들〉 같은 시를 읽어 주면서, "어떤 시가 마음에 드는가?" "어디에 글쓴이 눈길이 가 있는가?" "무엇에 마음을 두고 썼는가?" "어느 부분이 시가 되게 하는 간절한 말인가?" 말해 보게 했다. 다음 시들은 이런 과정을 거쳐 탄생했다.

꿋꿋하게 살아가는 사람들

1학년 여섯 반과 3학년 열 반이 모두 시를 썼다. 일주일 동안 자세히 관찰하고 교실에서 정성껏 썼다. 일부러 글감을 찾아다닌 아이는 몇 없고, 학교에 오며 가며 본 것이나 전에 겪었던 일 가운데 글감을 잡아 썼다. 평소에는 대수롭지 않게 그냥 지나쳤던 것을 숙제가 마음에 걸려서 그랬는지 관심을 가지고 보았다. 꿋꿋하게 살아가는 이웃 사람들을 그리기도 하고, 소외된 사람들에게 마음이 가기도 하고, 이웃에 대한 따뜻한 사랑을 담기도 하고, 장애인을 배려하는 마음도 담았다.

이렇게 아이들이 써낸 시 가운데 잘 썼다 싶은 시는 다음 시간에 들고 가서 읽어 준다. "가장 마음에 와닿는 시를 고른다면?" "시를 읽으면서 떠오른 비슷한 자기 경험은?" "어떤 마음을 붙잡아서 시를 썼을까?" "특히 어느 부분이 좋은가?" 이런 물음을 던져 놓고 아이들과 이야기를 나눈다. 그 반 아이가 쓴 시는, 시를 쓴 아이한테 어떻게 해서 썼는지 그 과정을 말해 보라고도 했다.

그런 다음에 시 고치기를 한다. 우리 말법에 어긋난 곳이나, 안 해도 좋은 말을 늘어놓은 곳이나, 더 자세하게 써야 할 곳이나, 이렇게 고쳤으면 하는 곳이나, 아예 송두리째 뺐으면 싶은 곳을 말해 보게 한다. 아이들이 지적하기도 하지만, 그만 내가 마음이 급해져서 이 부분을 고쳐 보자고 서두르는 수가 많다. 느긋하게 기다리자고 마음을 다잡아 보지만 잘 안 된다.

길을 걷다가

부산상고 3학년 김지훈

학교를 마치고
집으로 오는 길이었다.
집 옆 공사장을 지나다가
잠시 멈추어 섰다.

국어 숙제가 떠올랐다.

반팔 티에 긴 바지를 입은 아저씨가 나왔다.
바닥 아무 데나 앉아서 담배를 피운다.
그 아저씨 모습을 보았다.
나이로는 우리 아버지랑 비슷해 보인다.
팔과 얼굴과 목이 새까맣게 탔다.
반팔 티는 땀으로 젖어 있고
바지는 때와 먼지가 묻어서 더러웠다.
얼굴은 힘든 표정이었다.

담배 한 대를 다 피우더니
"으차" 하는 기합을 하고
다시 공사장 안으로 들어간다. 2004년 9월 2일

첫차 타는 사람들

부산상고 1학년 정필규

요 며칠 사이 첫차를 타 보았다.
첫차 안에는

어여쁜 회사원 아가씨,

피부가 거칠지만 웃음이 넘치는 노가다 아저씨,

피곤에 지친 학생들이 정기적으로 탄다.

회사원 아가씨는

그냥 아무 생각 없이 있다가 내리고

지친 학생들은

버스 정류장이 지났나 안 지났나

뜬눈으로 간다.

그리고 노가다 아저씨,

아저씨 두 분인데

꼭 시청에서 타서 부암동에서 내리신다.

나이도 있는 것 같은데

힘든 직업을 가지고 계시지만

친구분과 이야기를 하며 웃음이 끊이질 않는다.

그렇게 힘든 일을 하는데 웃음이 넘치다니

난 공부 그것 하나 가지고 힘들어하는데

육체의 고통을 참고 일하시는 아저씨를 보고

용기와 희망이 생겼다. 2004년 9월 8일

지훈이는 집으로 가다 공사장 앞에서 잠시 멈추어 섰다. 평소 같으면 그냥 지나쳤을 터인데 시 쓰기 숙제가 생각난 것이다. 아이들은 학교를 마쳤건만 공사장은 끝나자면 아직 한 시간 넘게 남았다. 휴식으로 담배 한 대를 피우고 일어서는 아저씨, 참 고달프고 힘들어 보이지만 그래도 "으차" 하고 마지막 힘을 모으는 아저씨를 보면서 지훈이는 무슨 생각을 했을까? 그 순간 아저씨의 힘겨운 삶을 고스란히 느꼈을 것 같다.

필규는 새벽에 집을 나와 첫차를 타고 가면서 버스에서 만난 사람들을 그렸다. 그 가운데 시청에서 타고 부암동에서 내리는 아저씨 두 분에게 눈길이 가 있다. 잠이 모자라 피곤한 학생들, 무표정한 회사원 아가씨, 그와 딴판으로 볼 때마다 웃음이 넘친다. 새벽 일찍 일어난 덕에 꿋꿋하게 살아가는 이웃을 볼 수 있었다.

사회적 약자에 대한 연대 의식

학교란 곳이 아이들에게 끝없이 경쟁심만 부추기고 있다. 공부는 곧 입시 공부로만 통하고, 얼마만큼 공부를 잘하는가는 시험 점수로 판가름한다. 시험에 나오지 않으면 공부가 아니다. 아이들에게 지난 시간에 뭐 했느냐고 물으면 "공부 안 하고 시만 읽어 주었는데요" 하는 말을 서슴없이 한다. 남보다 시험 점수를 더 따야 살아남는다는 것과 학교에는 그 점수 따는 공부하러 온다는 것을 감각으로 아는 것 같다. 학교만 그런가. 온 세상이 힘과 자본으로 경쟁하는 판이다. 가진 자는 법대로 정당하게 경쟁했다고 말하니, 가난하고 힘없는 사람들은 짓밟혀도 그 억울함을 어디다 하소연할 수도 없다. 누구도 약자 편이 되어 주려 하지 않는다.

노래하는 사람들

부산상고 1학년 최원찬

하굣길에 롯데백화점 앞
그곳에서 날마다 노래하는 사람들을 본다.
머리에 붉은 띠를 두르고
팸플릿을 들고
백화점 앞에
어떤 때는 지하상가 안에
주저앉아 외친다.
무슨 사연이 있길래
알고 봤더니
모두 백화점에서 일하던 사람인데
아무 이유도 없이 짤려
하루아침에 일자리를 잃은 분들이다.

오늘 하굣길에도 그분들을 본다.

전번보다 인원이 줄어든 것 같다.

'힘내세요!' 말하고 싶지만

용기가 나지 않았다. 2003년 9월 3일

외국인 노동자

부산상고 3학년 문동주

할아버지 사시는

왜관에 가면

플라스틱 제품 같은 걸 만드는

화학 공장이 있다.

언뜻 보기에는 기계로 찍어 만드는 것 같지만

속을 보면 다르다.

공장 가까이 가서 안을 들여다봤다.

외국인 노동자들밖에 없었다.

쇠로 된 원통에

총처럼 생긴 기계로

화학 물질을 골고루 뿌리고 있다.

한참을 뿌리다 말고 황급히 밖으로 나온다.

그 외국인 노동자는

모자와 마스크를 벗더니

기침을 하기 시작했다.

바삭 마른 몸에

콜록콜록 기침을 자꾸 하는데

뒤에서 어떤 사람이 불렀다.

옆에 빨랫줄에 걸려 있는 수건으로

눈물과 콧물을 대충 닦고

다시 힘없이 공장 안으로 들어간다.

하루에 10시간씩 일하고

한 달에 18만 원 받아서

집에 17만 원 부쳐 주고

만 원으로 한 달을 지낸다고 했다. 2004년 9월 7일

우리 사회가 파업 노동자나 시위대에 보내는 눈길이 곱지 않다. 노동자들이 파업한다는 뉴스는 곧바로 그것으로 겪는 시민 불편이 이만저만 아니라는 장면과 함께 나오고, 직장 없어 거리로 나앉은 사람들도 많은데 배부른 짓 한다고 시민들은 손가락질한다. 사회적 약자에 대한 관심이야말로 민주 시민 교육의 첫걸음이 아닐까. 그들의 주장에 귀 기울이고, 당장 내가 손해 보고 불편해도 참아 주고, 억울함을 같이 느끼면서 촛불

을 들어 주는 것, 민주 시민이 가져야 할 똘레랑스이고 연대 의식이다.

원찬이도 시위대를 보고 몇 번을 그냥 지나쳤다. 그러다가 '무슨 사연이 있기에 저럴까?' 하고 관심을 가졌다. 알아봤더니 모두 롯데백화점에서 일하던 직원들인데 하루아침에 일자리를 잃었다. 저번보다 사람이 줄어 안타까운 마음, 속으로 "힘내세요" 하고 응원하는 마음, 바로 연대의 싹이 아닐까.

동주는 초등학교 때 할아버지 집이 있는 왜관에 가서 본 경험을 썼다고 했다. 꽤 오래전 일이지만 마치 지금 그 일을 겪은 듯이 생생하게 썼다. 동주가 처음부터 이렇게 시를 쓰지는 않았다. 처음에는 이렇게 썼다.

왜관에 가면
작은 화학 공장에
외국인 노동자들이 많다.
안을 봤다.
제품 원통에 화학 물질을 뿌리고 있는
외국인이 보인다.
1분쯤 뿌리더니 밖에 나와
마스크를 벗고 숨을 헐떡인다.
콜록콜록 기침을 자꾸 한다.

옆에 빨랫줄에 걸려 있는 수건으로
눈물과 콧물을 대충 닦고
다시 마스크를 쓰고 공장 안으로 들어간다.

아이들 시 가운데 외국인 노동자를 글감으로 한 시는 이것 하나뿐이었다. 관심이 없어서가 아니라 노동 현장으로 가 보지 않고는 경험할 수 없는 일이기 때문일 것이다. 손가락, 발가락이 잘려 나가고, 밀린 월급을 받지 못한 채 단속에 쫓기고, 거기다 병까지 얻어 오도 가도 못하는 딱한 신세가 된 불법체류 외국인 노동자들을 텔레비전에서는 자주 본다. 하지만 이렇게 그들이 겪는 노동 현장을 제 눈으로 보고 그린 시는 참 귀하다 싶었다. 동주를 불러 둘이 앉아 같이 고쳐 볼까 하다가 마음을 달리 먹었다. 동주 반에 가서 이 시를 읽어 주니 고맙게도 아이들이 반응을 보였다.

"그게 다예요?"

"그래, 뭐가 좀 빠진 것 같지?"

"예."

"동주야, 그 외국인 모습이 어땠는데?"

"빠삭 말랐던데요. 그라고 한 달에 18만 원 받는다던데요."

"그래, 그거 써야지. 다시 써 볼래?"

"예."

그러고 나왔는데 동주가 가방을 메고 집에 가면서 교무실로 찾아왔다. 다시 고쳐 쓴 시를 내밀고 인사를 하고 간다. 이렇게 고쳐 보라고 하나하나 짚어 주는 것보다, 미처 생각지 못한 부분을 열어 주는 방법이 더 낫다는 것을 깨달았다.

이웃에 대한 사랑과 배려

자신의 문제를 벗어나서 이웃으로 눈을 돌려 보게 하는 것, 고등학교 아이들에게 빼놓을 수 없는 공부라고 생각한다. 가난하지만 땀 흘리며 몸으로 살아가는 사람들, 아무 내세울 것 없지만 꿋꿋하게 살아가는 사람들, 의지할 곳 없이 외로운 사람들, 그들의 삶에 애정을 가져 보고 그들을 배려해 주는 마음이 자라게 하는 공부.

사람과 삶에 대한 진정한 이해는 사랑에서 나온다. 사랑하지 않는 것도 알 수 있다는 생각은 환상에 지나지 않는다고 했다. 세상이 끝없는 경쟁으로 내달릴수록, 오로지 상품 가치로만 저울질하는 세상이 될수록, 이웃으로 눈을 돌려 보게 하는 공부는 그만큼 더 값진 것이다.

폐품 모으시는 할머니

부산상고 3학년 이상현

우리 동네에는 폐품이면 폐품

병이면 병

돈이 될 만한 것이면

무엇이든 주워 모으는 할머니가 계신다.

구부러진 등에

다 낡은 고무신,

머리에는 비녀 대신 숟가락을 꽂고.

내가 운동을 마치고 집으로 오는 길에

폐품 모으시는 할머니를 만났다.

"할머니 제가 좀 도와드릴까요?"

"젊은 총각 고마워."

하시면서 폐품을 수레에 좀 옮겨 실어 달라고 하셨다.

하루 종일 모은 폐품이 담긴 수레를 끌고

폐품 파는 곳까지 갔다.

고물상 아저씨가 할머니보고

"오늘도 수고 많으시네요. 할머니."

그러자 할머니는 많이 쳐 달라고 하셨다.

할머니가 하루 종일 모은 폐품값은 2300원이었다.

할머니는 고맙다고 하면서

맛있는 거 사 먹으라고 천 원을 주셨다.

나는 받을 수가 없었다.

힘들게 일하시는 할머니에 비하면

내가 할머니를 도운 것은 당연한 일로 여겨졌다.

할머니는 세상에 이런 총각들만 있었으면 좋겠다고 말하셨다. 2004년 9월 2일

면봉과 이쑤시개

부산상고 3학년 함수정

지하상가

사람들이 지나간다.

모두 어두운 표정으로

모두 빠른 걸음으로

사람들이 지나간다.

계단 중턱에 한 아저씨가 앉아 있다.

얼굴은 아주 검다.

손등은 터서 이리저리 갈라져 있다.

머리카락도 구불구불 제멋대로 뻗쳤다.

거뭇거뭇하게 묻은 바지를 입고서

하얀색이었을 운동화를 신었다.

목이 늘어난 티셔츠에

주머니 귀퉁이가 떨어진 조끼를 입고

한 아저씨가 지하상가 계단 중턱에 앉아 있다.

그 앞에는 면봉과 이쑤시개가 어지럽게 놓여 있다.

종이 박스 쪼가리에 아무렇게나 쓴 글씨로

"2개 천 원"

아저씨의 애타는 눈을

아무도 보지 않는다.

하지만 아저씨가 잠시 자리에서 일어나 절뚝거리자

사람들은 힐끗거렸다.

절뚝거리는 아저씨의 비틀어진 손목보다

사람들의 힐끗거림이 더 부끄럽다고 생각했다. 2004년 9월 6일

한두 반 아이들이 시를 쓰고 나면 그다음 반부터는 무엇을 붙잡아 쓰라고 일일이 말해 줄 것도 없다. 앞에 반 친구들이 쓴 시만 읽어 주어도 바로 알아챈다. 9월 2일에 쓴 상현이 시가 그다음 반 시 공부에 큰 도움이 되었다. 다른 아이들은 대부분 거리를 두고 바라본 것을 썼는데, 상현이는 몸소 실천하여 할머니를 도운 일을 써 놓으니 감동이 컸다. 어떤 반에서 상현이

가 할머니를 진짜 도와주었을까 의심하기도 했다. 그러자 상현이와 친한 친구가 일어섰다. 자기가 전부터 상현이와 알고 지내는데, 그 친구는 충분히 그러고도 남을 놈이라고 거들었다. 할머니 폐품값 2,300원 가운데 천 원을 차마 받을 수 없는 마음도 찡하지만, 다 낡은 고무신에 머리에는 비녀 대신 숟가락을 꽂고 있는 할머니 모습을 놓치지 않고 잘 그렸다.

수정이가 그려 놓은 아저씨 모습을 보자. 얼굴은 검고, 손등은 터서 이리저리 갈라졌고, 머리카락은 구불구불 제멋대로 뻗쳤고, 거뭇거뭇한 바지에, 목이 늘어난 티셔츠에, 주머니 귀퉁이가 떨어진 조끼를 입었고, 때가 묻어 새까만 운동화를 신었다. 잠깐 지나치면서 보았다면 이렇게 그릴 수 없었을 것이다.

장애인을 보는 눈

여태껏 장애인에 대해 별생각 없이 무심코 살아왔다. 장애인이 어떻게 차별받고 있고, 장애인에 대한 복지정책이 어느 정도 수준에 와 있는지 관심을 가져 본 적도 가르쳐 본 적도 없었다. 아이들 글을 읽으면서 아이들에게 또 배운다. 가난한 외국인 노동자가 우리와 똑같은 사람이듯이, 장애를 가진 사람도 우리와 똑같은 사람이란 것을 아이들이 가르쳐 준다. 장애를 가진 사람도 떳떳하게 이동하면서 살 권리가 있다는 것을 깨우쳐 준다. 지하철을 타는 과정이 힘들기도 하지만, 그보다는 차 안에서 둘레 사람들이 보내는 차가운 눈길이 훨씬 더 고통스럽다는 것을 아이들이 먼저 알고 있었다.

장애인 아저씨

부산상고 1학년 이정원

선글라스에 휠체어를 탄
한 아저씨가 지하철을 타려고 하신다.
뒤에는 부인인지 동생인지
휠체어를 밀어 주고 있다.
지하철을 타려고 내려가려는데
휠체어 전용 전동 기계가 고장 나서
내려가지도 못하고 머무르고 있다.
지하철 역무원이 와서 도와주기는 하지만
그 장애인 아저씨 눈에는
슬픔밖에 보이지 않는 것 같다.
억지로 웃기는 하지만
얼마나 찢어지는 슬픔을 느꼈을까.

뒤에서 휠체어를 밀어 주는 여자는
지하철 역무원에게 욕까지 섞인 하소연을 한다.
"지랄 같은 정부는 뭐 하는데요?"
참 그 모습을 보고 한동안 생각이 덤덤했다.
수많은 사람들 사이에 얼마나 뻘쭘할까.
하루빨리 우리나라도
장애인이 불편하지 않게 살았으면 좋겠다. 2004년 9월 10일

잠깐 지나치면서 본 것이 아니다. 길을 가다 멈추어 서서 한참을 지켜보고 나서 썼지 싶다. 정원이는 "지랄 같은 정부는 뭐 하는데요?" 하는 하소연을 듣고, 한참 동안 생각이 덤덤했다고 그 당시 심정을 털어놓았다. 그 말을 듣는 순간 성한 몸으로 아무 불편 없이 걸어 다니는 제 자신이 되레 부끄러워 얼굴이 화끈했지 싶다.

힐끗힐끗 피해 가는 사람들이나 한참을 지켜보고 서 있은 정원이나, 크게 다르지 않다고 생각할는지 모른다. 그런다고 달라진 게 있느냐고 되물을지 모르겠다. 깊은 강물에 들어가자면 얕은 강기슭을 지나야 하고, 펌프로 물을 자아올리자면 미리 부어 주는 마중물 한 바가지가 있어야 한다. 이렇게 사회적 약자들에게 애정을 가지면 곧 그들을 이해하게 되고, 이해가 깊어지면 함께 어울려 살아가는 세상도 오지 않을까.

선입견

부산상고 3학년 강상완

"으쌰, 으쌰"

일요일 아침부터 시끄러운 소리가 났다.

창문을 열고 밖을 보니

옆집에 누가 이사를 왔다.

슈퍼에 뭘 좀 사 먹으러 나가다 보니

이사 온 사람인 듯한 두 사람이

이야기를 하면서 집으로 들어가는데

장애인이다.

남편인 듯한 분은 다리가 불편하고

아내인 듯한 분은 말을 몹시 더듬거렸다.

난 누가 시키지도 않았는데

두 사람을 약간 경계하게 되었다.

그러던 어느 날

밤사이 비가 아주 많이 온 아침이었다.

대문을 연 나는 깜짝 놀랐다.

누가 내 오토바이를

비닐봉지와 쌀 포대 같은 걸로 덮어 놓은 것이다.

그것들을 치우고 가려는데

"학생…… 조…… 조심……히… 가…… 가……."

이사 온 옆집 아주머니셨다.

난 그제서야 알았다.

젖지 않은 내 오토바이가

옆집 아주머니의 배려란 것을. 2004년 9월 6일

시 내용은 간단하다. 옆집에 이사 온 장애인 부부를 자기도 모르게 경계했는데, 어느 날 옆집 아주머니의 따뜻한 배려에 자신을 돌아보게 되었다는 말이다. 장애인에 대한 잘못된 선입견을 반성한 시다. 아이들이 쓴 시 여러 편을 읽어 주고 어느 시가 가장 마음에 와닿느냐고 물었을 때, 이 시를 꼽은 아이들이 많았다. 오토바이 안장이 비에 젖을까 싶어 슬그머니 비닐로 덮어 주는 따뜻한 이웃, 이웃을 배려하는 따뜻함이 그대로 아이들 마음결에 가닿았던 것 같다.

6

세상일

고등학생이면 우리 사회나 세상 문제에 관심을 가지고 행동할 수 있는 나이이다. 문집을 뒤져 보니 세상일을 글감으로 시 쓰기를 한 것은 몇 번 안 된다. 가끔 줄글로 쓰거나 토론을 하기는 해도 사회 문제를 가지고 시 쓰기는 잘 하지 않았다. 논리를 세워서 생각과 주장을 펼쳐 내기에는, 시보다는 줄글이나 토론이 더 나은 것 같다. 그렇지만 시는 시대로 하고 싶은 말을 짧게 압축해서 표현할 수 있는 좋은 점도 있다. 시는 토론이나 논술과는 또 다른 울림이 있다. 지난 2002년 월드컵 축구대회가 한창이던 6월에 효순이 미선이가 미군 장갑차에 치이는 사건이 있었을 때도 처음에는 이 일에 관심조차 없던 아이들이 시를 쓰고, 또 친구가 쓴 시를 함께 읽으면서, 여러 아이들이 촛불 시위에도 참가했다. 그해 문집에서는 효순이 미선이를 추모하면서 미군에게 항의하는 시가 많이 실렸다.

해마다 겨울방학이 끝나고 2월에 등교하면 열흘 남짓 공부를 하는데 참 어중간한 시간이다. 영화를 보거나 자습을 하며 시간을 보낸다. 무엇을 해 보려고 해도 아이들 마음이 풀어져 있어서 이끌어 내기가 쉽지 않다. 그래도 아이들과 기후 위기 문제를 짚어 보고 싶었다. 이 아이들에게 곧 닥쳐 올 암울한 미래에 대해 마냥 침묵하고 있을 수 없다. 기후 위기가 심각함을 알리려고 등교를 거부하고, 스웨덴 국회의사당 앞에서 1인 시위를 했던 그레타 툰베리 이야기를 준비했다. 유튜브에서 관련 동영상을 몇 개 찾아 두었다. 교실에 들어가서 먼저 툰베리 이야기부터 꺼냈다.

열여섯 살 툰베리가 학교를 가지 않고 스웨덴 국회의사당 앞에서 '기후 위기를 위한 등교 거부'란 팻말을 들고 1인 시위를 했고, 툰베리가 1인 시위를 한다는 소식이 인터넷을 타고 온 세계로 퍼져 나가 170여 개 나라 십 대 아이들이 툰베리를 따라서 금요일 행진을 했으며, 그 뒤 툰베리는 제24차 유엔 기후변화협약 당사국 총회와 스위스 다보스에서 열린 세계경제포럼에 참석해 연설을 했다는 이야기를 했다. 툰베리 연설문 가운데 한 구절도 들려주었다. "지금 어른들은 2050년 너머를 생각하지 않을 거예요. 그런데 그때 즈음이면 전 기껏해야 제 인생의 절반도 살지 못했겠네요. 2078년에 저는 제 75번째 생일을 축하할 겁니다. 자녀나 손주가 있다면 저와 함께 생일을 보낼지도 모르겠어요. 여러분에 대해 묻겠죠? 2018년에 살았던 사람들에 대해 묻겠죠? 여전히 조치를 취할 시간이 있었음에도 왜 아무것도 하지 않았냐고 물어볼지 모릅니다."

이렇게 이야기를 꺼내고 난 뒤, 유튜브 동영상 세 개를 차례대로 보여 주었다. 그레타 툰베리가 스웨덴 국회에서 하는 연설, 〈과학자들이 아무리 말해도 당신이 부정하는 10년 후 팩트〉 〈기후 위기와 채식〉을 보고 난 뒤, 몇 아이에게 영상을 본 소감도 들어 보았다. 그런 다음 시 쓰기를 했다. 영상을 본 것으로 그치는 것보다 제 생각을 글로 써 보는 게 좋을 것 같았다. 그래야 기후 위기가 정말 심각하다는 것을 더 깊이 느끼게 되고, 아는 것을 행동으로 옮기는 데 힘이 될 것 같았다. 하고 싶은 말을 간결하게, 전달력 있게, 그리고 읽는 사람 마음을 움직일 수 있는 힘이 담긴 말로 표현해 보자고 했다.

미안해

다대고 1학년 배예지

툰베리가 어른들에게 소리칠 때
나는 무엇을 하고 있었을까?
아마 나도 이 상황을 심각하게 만든 가해자였겠지.
우리가 눈과 귀를 막고
지구에게 돌을 던질 동안
내가 아무것도 하지 않던 때
어른들을 향해 소리친 친구들에게도
이유 없는 피해자인 지구에게도
미안해. 2021년 2월 1일

공범

다대고 1학년 김예온

현재를 따뜻하게 지내려고 미래를 훔치고

걷기 귀찮아서 미래를 훔친다.

고기를 먹는 건 미래를 훔쳐 먹는 것.

훔치는 것은 나쁜 일이다.

우리는 모두가 공범이다. 2021년 2월 3일

가혹한 미래

다대고 1학년 안혜정

코로나를 맞이했다.

부동산이 또 오른다.

이걸 어쩌지

물가도 오른다.

그런데도 대입 경쟁은 치열하다.

기후 위기까지 우리가 안고 살아야 한다.

떠안고 가야 할 짐이 너무도 많은

가혹한 삶을 살고 있다. 2021년 2월 3일

〈공범〉을 쓴 예온이는 우리 모두가 공범이라 했고, 〈미안해〉를 쓴 예지는 아무것도 하지 않고 가만히 있은 게 미안하다고 했지만, 기후 위기를 공부하면서 나는 아이들에게 미안했다. 이 아이들이 살 세상인데, 우리 어른들이 그 세상을 망가뜨렸다. 우리가 먹어 치운 설거지를 고스란히 아이들 세대에 떠넘긴 꼴이다. 혜정이가 쓴 〈기혹한 미래〉를 읽으면서 옆구리 한쪽이 뻐근하게 아파 왔다. 코로나로 마스크가 일상이 되었고, 여전히 입시 경쟁에 시달리고, 거기다 취업은 어렵고 집값은 폭등해서 앞으로 살아가기 막막한데, 기후 위기까지 아이들이 떠안고 살아야 한다. 툰베리가 이런 말을 했다. "고기를 먹는 건 우리의 미래를 훔치는 것입니다."

아이들 시를 몇 편 더 읽어 보자.

북극곰의 부탁

다대고 1학년 반예린

저 북극곰이에요.
이때까지 잘 살아왔지만
제 주위 친구들이 떠나가고 있어요.
엄마는 이 사태가 인간들 때문이라 했어요.

하지만 저는 당신들을 미워하고 싶지 않아요.

엄마 말이 맞다면

우리 이제 행복할 수 있도록

도와주실 수 있을까요? 2021년 2월 1일

나는 지구

다대고 1학년 정나원

더위와 추위만 남고

따뜻함은 사라졌다.

여름과 겨울만 남고

봄과 가을이 사라졌다.

벚꽃나무, 왜 꽃을 피우지 못하냐고 묻지만

은행나무, 왜 은행을 만들지 못하냐고 묻지만

내가 할 수 있는 것은 없다.

네가 해야 할 수 있다. 2021년 2월 3일

남은 10년

다대고 1학년 조현기

우리에게 남은 기회는 단 10년뿐.
아니지 이제 10년도 채 안 남았다.
연간 탄소 배출량은 420억 톤,
우리에게 남은 탄소량은 4200억 톤.
4200억 톤까지 쓸 수 있다는 게 아니라
가능한 한 4200톤에서 멀리 달아나야 한다.
'우리는 위기의 심각성을 알지만 행동하지 않는다.'
전제부터 잘못되었다.
우리는 심각성조차도 알지 못하고 있다. 2021년 2월 1일

느낌을 담아 쓴 시를 서정시라 하고, 이렇듯 생각을 담아 쓴 시는 주시시 또는 관념시라 한다. 느낌시는 느낌시대로, 생각시는 생각시대로 저마다 값어치를 지니고 있지만, 생각시는 느낌시보다 쓰는 재미가 덜하고 읽을 때 큰 울림도 없는 듯하다. 아이들도 시 쓰는 열기가 달아오르지 않았다. 자기 삶과 겉도는 느낌을 떨칠 수 없는 것 같았다. 환경 위기가 먼 나라 남의 일이 아니라 바로 내 문제이고, 우리 둘레의 일이란 걸 일깨워 주고 싶었다. 이런 내 마음만 앞서 달아나고, 아이들은 자꾸 뒤

처져 꽁무니를 빼는 느낌이었다. 이건 앞으로 나한테 남은 숙제다.

구름방 수업(원격 수업)으로도 시 쓰기를 했다. 2월에는 1학년과 2학년이 하루씩 번갈아 학교에 나오기에, 1학년이 학교 나오지 않는 날은 구름방으로 공부했다. 전체 이야기방 대화창에, 앞선 반에서 쓴 시 다섯 편을 올려놓고, 그 가운데 마음에 와닿는 시 하나를 고르고, 그 시가 왜 좋은지 짧게 써서 올리라고 했다.

〈나는 지구〉

ㄴ 이 시는 지금 현재 지구가 겪고 있는 문제점과 힘든 점을 아주 잘 부각하면서도 이를 멈추려면 우리 사람들이 도와주는 방법만이 답이라는 것을 잘 표현했다. (미소)

ㄴ 마지막에 "네가 해야 할 수 있다" 하는 부분에서 지구를 향한 우리들의 행동 변화를 유도하는 것 같아서 좋았습니다. (민서)

ㄴ 지구의 시점에서 시를 쓴 것도 인상 깊었고, 여름과 겨울만 남은 것도 벚꽃나무와 은행나무가 꽃과 열매를 맺지 못하는 것도 지구 탓이 아님을. "내가 할 수 있는 것은 없다" 하는 구절로 표현한 것이 매우 인상 깊었습니다. (찬영)

ㄴ 이 시에서 네가 '~해야 한다'라는 문장을 보았을 때 지구를 위해 조금도 노력하지 않는 내 모습을 떠올리게 되어 이 시가 가장 기억에 남는다. 지구의 부탁을 듣는 것 같았다. (경민)

ㄴ 이 시가 지구 온난화가 심각해지는 상황을 비유적으로 잘 표현한 것 같아서 가장 인상 깊다. (은진)

ㄴ 현재 상황을 반영하여 시를 표현한 것 같고, 나 혼자가 아닌 모두 함께 노력해야 한다는 것을 표현한 것 같아서 기억에 가장 남는다. (서연)

〈공범〉

ㄴ "현재를 따뜻하게 지내려고 미래를 훔"친다는 표현에서 우리 모두가 지구를 망치는 일을 지금도 계속하고 있다는 것이 실감이 났다. (현민)

ㄴ 이 시가 "미래를 훔치고" 있다는 부분이, 미래를 생각하지 않고 자원을 쓰고 있다는 게 느껴져서 인상 깊었다. (예지)

〈북극곰의 부탁〉

ㄴ 북극곰 시점에서 북극곰들이 위험하다는 게 느껴졌습니다. 그리고 '~에요'체를 써서 부드럽고 다정하게 읽

혔습니다. (자현)

〈가혹한 미래〉

ㄴ "떠안고 가야 할 짐"이 인상 깊다. 현실 반영을 잘한 것 같고, 우리 미래에 대한 생각이 깊게 들어간 것 같아 와닿았다. (민주)

ㄴ 기후 위기까지 안고 살아가야 한다는 게 무섭다. (신우)

〈미안해〉

ㄴ 거듭해서 미안하다는 말을 반복함으로써 화자의 진실한 미안한 마음을 느낄 수 있었다. (재영)

ㄴ 아무것도 하지 않은 자신을 반성하며 스스로도 가해자라고 여기는 게 인상 깊다. (선영)

ㄴ 지구에게 사과를 하는 부분의 감정이 잘 전달되었고 좋았다. (예린)

〈가혹한 미래〉 〈공범〉 〈미안해〉 〈나는 지구〉 〈북극곰의 부탁〉 이 다섯 편을 올려서 함께 읽었다. 나는 혜정이가 쓴 〈가혹한 미래〉가 짜릿하게 와닿았는데, 아이들은 나원이가 쓴 〈나는 지구〉에 더 눈길이 쏠렸다. 이렇게 자유롭게 이야기 나누고 나서 시를 썼다. 시를 써서 둘만 주고받는 채팅창에 올리면, 서로 이야기를 주고받으면서 시 고치기도 했다.

미래에서 온 메시지

다대고 1학년 이혜인

할머니가 2021년 그때 움직이셨다면

할아버지가 2021년 그때 행동하셨다면

따뜻한 봄 무더운 여름

서늘한 가을 매서운 겨울

저희도 다 느껴 볼 수 있었겠죠? 2021년 2월 4일

녹는 중

다대고 1학년 김아형

아이스크림이 녹는 것처럼

빙하가 녹는다.

지구도 녹는다.

미래도 녹는다. 2021년 2월 4일

작은 차이

다대고 1학년 윤나빈

지구 표면 온도가 1도 상승했다.

하루에 200종씩 지구에서 사라진다.

인간은 그게 무슨 문제냐고 생각한다.

다른 많은 생물들은 눈물을 흘린다. 2021년 2월 4일

실천

다대고 1학년 박서연

누군가 그랬다.

생각이 있으면 말로 이야기할 줄 알고

말할 수 있으면 행동으로 실천할 줄 안다고.

지구는 자기만의 말로 자기가 아프다는 걸

우리에게 보여 주고 있다.

우리는 지구 온난화를 안다.

해결 방법도 안다.

이걸 우린 말할 줄 알아야 한다.

행동으로 실천해야 한다.

우린 머리로 생각하고 넘긴다.

지구는 우리에게 끝없이 말하고 있는데도. 2021년 2월 4일

초등학교 때부터 환경 문제 동영상을 수없이 봐 왔지만 학교 급식에 고기 반찬은 여전히 변함없다고 비판하는 시도 있었고, 우리가 이렇게 공부해도 나중에는 선생님이나 우리나 모두 똑같이 변함없이 그대로일 거라고 말하는 아이도 있었다. 늑대가 양을 잡아먹고 사자가 사슴을 잡아먹듯이, 사람은 최상위 포식자이기에 육식을 하는 것은 죄가 없고, 육식은 자연의 섭리라고 반박하는 시도 있었다. 그렇지만 대다수 아이들은 기후 위기가 심각하다는 데에 공감했고, 지금은 행동할 때라는 것은 절실히 느꼈다. 잊지 않도록 가슴에 새겨서 미래를 바꾸는 실천을 하자고 아이들과 시를 쓰며 다짐했다.

언제나 실천 속에 답이 있으니까.

출처

15쪽 한국글쓰기교육연구회, 《올챙이 발가락》 2018 겨울호, 양철북, 3쪽.

16쪽 한국글쓰기교육연구회, 《올챙이 발가락》 2018 가을호, 양철북, 45쪽.

17쪽 야마구치 아쓰요 엮음, 김녹촌 옮김, 《새끼 토끼》, 온누리, 47쪽.

18쪽 이오덕, 《우리 문장 쓰기》, 한길사, 267쪽.

25쪽 이상석, 《지금○여기○나를 쓰다》, 양철북, 108쪽.

31쪽 한국글쓰기교육연구회, 《올챙이 발가락》 2019 여름호, 양철북, 3쪽.

31쪽 한국글쓰기교육연구회, 《올챙이 발가락》 2019 겨울호, 양철북, 4쪽.

41쪽 한국글쓰기교육연구회, 《올챙이 발가락》 2018 여름호, 양철북, 42쪽.

42쪽 한국글쓰기교육연구회, 《올챙이 발가락》 2018 여름호, 양철북, 36쪽.

48쪽 이오덕, 《우리 모두 시를 써요》, 양철북, 84쪽.

80쪽 이호철, 《이호철의 갈래별 글쓰기 교육》, 보리, 33쪽.

국어 시간에 시 써 봤니?

1판 1쇄 2021년 6월 28일

글쓴이 구자행
펴낸이 조재은
편집 김명옥 김원영 구희승
디자인 석윤이 이춘희 육수정
마케팅 조희정 유현재

펴낸곳 (주)양철북출판사
등록 2001년 11월 21일 제25100-2002-380호
주소 서울시 마포구 양화로8길 17-9
전화 02-335-6407
팩스 0505-335-6408
전자우편 tindrum@tindrum.co.kr

ISBN 978-89-6372-358-7 04370
ISBN 978-89-6372-359-4 04370 (세트)
값 13,000원